世界主題之旅

日本旅行
made in Japan
再發現

作者・攝影◎蔡惠美

日本旅行再發現

made in Japan

寫著寫著，
我又將美景重遊了好幾遍

多年以來，我到日本各地旅遊的體驗相當豐富，也提筆將之化為文字及版面，曾經出版《京都》、《發現小京都》以及《經典京都》等書。現在，本書中出現的細節，與前幾本書最大的不同，在於不再以地點分類，而以人文來設計主題，想讓對這些題目有興趣的讀者，可以在日本境內不同的地點，注意到類似的文物或景觀。

這樣的寫法，當然早已經有例可尋。比較常見的，例如介紹溫泉，可以由南到北將日本溫泉鄉的種種寫成單本；又如櫻花名所專書，依櫻花前線分類分時分地介紹；書寫紅葉百態，將觀賞楓紅時的交通及環境編輯成特集，也可供人參考。

除了紅葉、櫻花以及溫泉，日本各地的風土與民情，可觀可寫之處甚多，也是我最感興趣的事。本書所提到的人與物，大多數是只有在日本可以看到的、而且本土色彩濃郁的話題：像祭典、節慶、文學碑、鄉土玩具、美食、陶漆器等，也與溫泉、櫻花、楓紅一樣引起我的長期關注。這些文物曾經讓我驚喜、投入與迷戀，到現在依然懷念不已。如今行文寫自己鍾愛的事物，既能有舊地重遊的喜悅，又能與人分享，個人的收穫最多。

你也許會喜歡我所發表的各地人孔蓋圖樣，也會不難想像背著行囊的我，走在鄉鎮小路上，或騎腳踏車路過停下來，把五彩或黑白的人孔蓋拍攝收集入相機時的興奮。從微小的人孔蓋，我看出城鎮居民對自己家鄉的驕傲，也慶幸自己沒有因坐車而錯過，更把步行的勞累因此忘得一乾二淨。

有些景物因走訪的時間不同，而呈現不一樣的風貌，也一再令我感動不已：像本書中提到北海道，冬天有丹頂鶴跳求偶舞、運河畔以雪燈點亮、白天鵝搶食、流冰與海岸相連等難得的奇景，夏天則有美麗的馬鈴薯花、濃紫色薰衣草田等讓人雀躍。秋天的甜柿，在九州久大鐵路沿線各地讓我吃得過癮，京都等地春天時怒放的枝垂櫻花，還有滿目如熊熊火焰般的楓紅秋景，在當場開闊了我的視野，隨後也充實了本書的畫面與內容。

我覺得本書中具有特色也非常難得讀到的主題不少，值得在此先行推薦的是「武士的副業」、「同音字話吉祥」以及「御手洗團子vs.五平餅」等文。

「同音字話吉祥」文中提到許多有趣的讀音巧合，相信能引起讀者的興趣與共鳴：例如青蛙造型的紀念品屢屢可見，猴寶寶一串就是五隻，五圓日幣常被丟到獻金箱裡祈福，六只葫蘆能治病，可知道都是為了什麼嗎？

「御手洗團子vs.五平餅」一文告訴大家不要小看了在各地都吃得到的米製小丸子。類似口味、形狀相同的小零食，背後的故事必須要去過不同地方後，才能了解。

武士精神陳義甚高，不過，現代人到日本旅遊，依然會接觸到以前受武士制度影響而發展出來的事物，例如畫有武士面貌的風箏是常見的民藝品，鐵砂製成的水壺(南部鐵器)是寒冷地區使用地爐燒水時的用具等，都是藩政末期時輔導武士就業的成果。在本書該文，我已將自己深入接觸到的樺細工、水引以及夏蜜柑等武士副業詳細描述，以饗讀者。

蔡惠美

作者介紹

蔡惠美，寶瓶座，熱愛旅遊，已走過八十餘國。留學日本時因功課忙，在回台定居後，才能逐年實現認識日本、遊遍日本的美夢。

造訪日本數十次，日本的庭園、城下町文化以及手工藝品的精巧最受作者青睞。多年前曾經因為想更瞭解京都，寫成旅遊書《京都》(生活情報Togo出版)，從此樂此不疲，又催生出《發現小京都》、《經典京都》(閱讀地球出版)。文字照片常見於報章與雜誌，攝影展則有「驚艷摩洛哥」及「中亞大絲路1001夜傳奇」。日本之外的旅遊作品還包括《到不能直飛的地方去》(方智出版)、《魔幻南美洲》(閱讀地球出版)、《逛逛波斯巴扎》(民生報出版)等書。

在
天與地
之間
   大自然篇

旬之風情，自然邀宴，
從春天開始，置身於花間趣味，
在冬天觀看白色的另類世界，
夏的繁華、秋的飽滿，完全領略。

中國

近畿

中部

四國

九州

17
18
21
23
26
25
24
28
31
32
33
34
35
37
36
38
39
40
41
42
43
44
45
46
27
29
30

富良野
薰衣草 / P.152

美瑛
馬鈴薯花 / P.152

網走
流冰 / P.164

知床斜里
溫泉瀑布 / P.182

北海道

釧路
釧路早市 / P.038
丹頂鶴 / P.164

小樽
雪燈祭 / P.100

函館
函館朝市 / P.038
足湯 / P.182

十勝川
白鳥 / P.164

角館
樺細工 / P.080
片栗 / P.136
紅枝垂櫻 / P.146

八津
片栗 / P.136

弘前
津輕三味線 / P.106
櫻花 / P.146

山寺
松尾芭蕉文學碑
/ P.120

東北

盛岡
宮澤賢治文學碑 / P.119
漆器一秀衡塗、淨法寺塗 / P.122
石割櫻 / P.146

仙台
青葉祭 / P.100

關東

會津若松
赤牛張子 / P.074
漆器一會津塗 / P.122

白石
紫藤、芝櫻 / P.136

高山
朴葉味噌 / P.024
御手洗團子 / P.030
漆器一春慶塗 / P.122

東京
撒豆祭 / P.100

飛驒一之宮
臥龍櫻 / P.146

如何使用本書⋯⋯⋯⋯⋯⋯⋯⋯⋯

本書以地毯式尋訪的態度與心情,將潛藏在日本各城鄉裡,眾多鮮為人知的名物、人文慶祭,以及在地美食一一挖掘。有趣的人、事、物不一定都聚集在大城市,有時反而在某個小鄉鎮裡,集結了最多日本性格的迷人事件與物件,而日本的精神,就在這一件件名物典故裡,逐漸清晰浮現。你以為自己已經夠瞭解日本了嗎?在翻閱本書之後,或許會發現,日本,原來還有這麼多令人驚喜而感動的一面,會發現,原來日本比你所知道的更有趣味!

全書分成3大單元

【鄉土自慢──美食篇】

到信州找味噌,尋找日本經典風味;在古老的驛站品嘗充滿米香的五平餅,體會百年前懷抱著一串串獨特食糧長途跋涉的心境;看充滿和洋風情的城鎮小布施,竟然就是豐實鬆軟的栗子故鄉……日本各地鄉土美食及產地的鄉野風光、人情滋味,都收錄在這美食單元裡。

【當古先生遇到今小姐──古今篇】

沿著小樽運河在雪地裡點起了一盞盞燈火、看淺草年男撒豆驅除邪魔,祭典的魅力不只是傳統,還有盛大華美的景況……從祭典到鄉土玩具,以及武士的副業,進行一場日本傳統文化與工藝的美學之旅;行經九州,仰頭就可看見各站風景物貌出現在火車站牌畫裡;走在日本,腳上踏著的人孔蓋鏤刻出地標,告訴你身在何處。舊時風物今日見,又是另一番滋味。

【在天與地之間──大自然篇】

不可不知的日本代表風景地貌,大塊山水的壯麗與小村的典麗優雅,春之櫻花、夏之花田,秋楓紅柿,以及冬天的流冰。走進山裡尋找溫泉瀑布,坐看姨捨夜色,與數十畝水田各擁一輪明月的世界絕景。

名物目錄,逐物而遊

將三大篇章的所有名物以索引方式羅列,便於讀者依照自己喜好之物,而安排一場串聯名物美食的日本旅程。

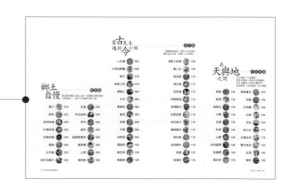

地圖目錄，一地數遊

從名物式地圖，馬上就可以看出單一地區共有哪些有趣的事、物可以就地遊歷，不需各地奔波，一個景點就能體驗眾多在地名產。

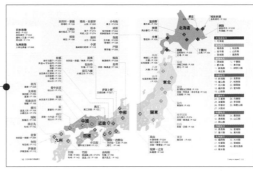

邊欄地圖標示名物產地

透過邊欄的小地圖上，可以一眼就看出這些名物美食與好景的所在位置，或者分佈地區。

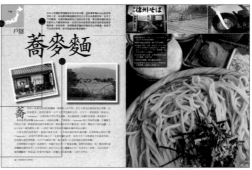

名物起源與典故

將物件或飲食的來由發源做最精彩簡明的介紹，一開場就能掌握重點資訊。

一眼就看出主題

以名物美食為標題，直接讓讀者明白該篇章的主角為何。

小物誌，趣味解說

將內文裡不及細談的物件或來由，進行深入解說，以及相關延伸。

詳盡交通資訊

將篇章中談到的城鄉景點做一整理，說明前往方式，並提供該地特殊店家進一步的資訊。

美食篇

鄉土
自慢

小布施 栗子

長野縣小布施(Obuse)是具有歷史文化的小城,奉以前當權者之命,廣植栗子樹,是栗子飯的出生地,也培養出眾多糕餅達人,創造了不同風味的栗子餅,並在各地推廣。

❷

❶

流 過小布施地區的松川,川底是紅褐色的,因為水質是酸性之故。川裡沉積的砂礫土和這一帶乾燥的氣候,很適合栗子的生長,很久以前就有很多野生的栗樹。六百多年前,離小布施不遠的雁田山,有一位荻野常倫的山城居民,由京都丹波地區引進栗苗,開始在小布施種植栗林。也有一說是此地在永祿、天正年間,因開墾荒地及松川治水成功,而有廣大的栗林。

江戶時代,小布施是幕府的直轄地,松代地區的眞田藩被任命管理這一帶的「御林守」,每年將收穫到品質最好的栗子獻給幕府將軍家屬享用,村民很難可以買到或吃到。俳人小林一茶出身柏原,常到小布施訪友,也對此地栗子稱讚不已。

如何將香甜的栗子,烹調成極具特色的栗子飯?甚至,再將栗子製成可口糕餅,讓人一吃難忘呢?小布施的「竹風堂」出售兩種定食,「虹鱒定食」與「山菜定食」的主食都是相同份量的栗強飯(kuri-okawa)。前者較貴,因為除了加有山菜,還有一尾鱒魚的甘露煮。

栗強飯的米飯以白糯米製成,煮成較少水分的乾飯,名為「強飯」的確有道理。飯粒又不粘連在一起,可能也加有油脂,風味奇佳。栗子則是不惜工本般的又大又甘甜,一口咬下去,蓬鬆綿密又踏實的口感,太讓人滿意了。

1. 山栗的外皮有毛及硬殼。
2. 建築以「傘風舍」命名,內有一家義大利餐廳。門牆上是一幅北齋名畫「傘風子圖」。
3. 栗強飯的主角是甘栗,又大又蓬鬆綿密,吃後容易有飽足感。
4. 樹上有栗子!
5. 美麗的小布施市容。

栗子

栗子飯的故里，小布施

　　有人偏愛吃新鮮的栗子。綠色中帶淺褐、鮮嫩的外皮剝開後，嘗來略帶酸味的鮮栗，脆而清香。街頭上常見的烤乾栗，香甜實在的口感藏在又厚又黑的硬殼裡。熱呼呼的香氣滿足了食慾，也解決了嘴饞。

栗子樹到哪去了呢？

　　以前，每逢九、十月金秋，栗子樹上結滿碩大而美味的栗子。栗子是高貴品，只獻給貴族食用，稱為「獻上栗」。

　　現在的小布施是觀光度假名所，小巧而精緻的市容，頗有西歐小鎮之風。路旁雅致的街燈，掛著小花籃，襯托出以前豪商所建倉庫建築的出類拔萃。街坊上，栗子餅店的招牌與布簾也是匠心獨具。

栗子樹被大量砍伐之後，搖身一變，成為步道上的鋪路木塊。

百分百的栗子樹，樹幹的形狀還被動過手腳，堪稱最美的栗子樹。

　　我轉入小巷道之中，想尋找後院或小公園中殘存的栗樹群，看到「栗之小徑」(kuri no komichi)的指示牌眼睛一亮。小徑略微彎曲，「北齋館」(Hokusai kan)的後牆在路旁，高井鴻山紀念館(Takaikozan Kinenkan)的入口，則在小路另一側。

　　正要拍照，高井鴻山紀念館的收票小姐親切的提醒我，別忘了把栗子樹當主角，栗之小徑旁只有一株是栗子樹，長得壯大青綠。

　　這才知道歲月難返，栗樹林早已慢慢地在小布施的老街上絕跡。當地人說，城市內的栗子樹被桑田取代，以因應當年興起的養蠶與絲織業；近年來，葡萄園又取而代之。昔日舉目栗子樹成林，現代小布施的老街上則是典雅的栗子餅舖一家更盛一家，栗子的來源要在更鄉

走在「栗之小徑」，大栗樹在一旁，他心中可有以前此地栗樹成林景像的記憶？

下的田野去尋找。

　　終究注意到我雙腳下的步道，是由栗子樹的樹幹切成正方形木塊後，排好而成的。我方才瞭解，小布施的老栗子樹已經全化身爲市內步道上的木塊了。以栗子樹幹當木材，鋪出如此精巧的人行道路，是多麼有創意的構思啊！栗子步道耐得住歲月的淬煉，和周遭的小布施文化設施也很搭配。

小布施栗美食

　　竹風堂在長野縣內有不少分店，但位於小布施的竹風堂，是最令栗子迷嚮往的美食天堂。

竹風堂的招牌食物是「栗強飯」。

栗美食

這是我在九州由布院遇到的烤山栗小店。栗子是秋天的食物，正當時令。

　　自古以來，長野縣及岐阜縣都以產栗聞名。以古旅籠招徠旅客的妻籠小鎮，也有好吃的栗餅。店家本來擺出小塊栗餅，附熱茶一杯讓我試吃，見我拿出相機要拍照，馬上熱情的拿出另一個完整的栗金團(栗きんとん，kurikinton)來。此栗餅是百分之百栗子製成，既酥軟又甘甜，入口即化，不會比小布施的純栗糕餅遜色。

　　九州大分縣湯布院(Yufuin)的烤山栗是比較粗獷的吃法，其不經修飾的原味，不加糖，也很吸引人。

　　「栗饅頭」則是另一種常見的栗子糕點，不問季節到處有售，栗泥放在「饅頭」(まんじゅう，即包有內餡的甜餅)的內部。與紅豆製成的豆泥相比擬，栗泥多了香醇的口味，價格自然也較高。

　　日語中有些客套話，例如「請慢用」，可以說「ごゆっくり」(goyukkuri)，而有種栗饅頭名稱叫「ごゆっ栗」(goyukkuri)也是相同讀音，為愛吃栗子的人，討了個好口彩。

木曾名餅「栗金團」，以百分百栗子泥製成。

店家推薦的飯後甜點是日式年糕與甜湯。甜湯是百分百的栗泥。小盤裡鹹漬菜正好提味，不覺湯之甜膩。

栗子

購自「櫻井甘精堂」的伴手禮，栗餅禮盒內容豐富，此為「善光寺落雁」。

竹風堂二樓餐廳裡有國寶名畫及西洋風裝潢，坐在臨窗口的座位，還可欣賞窗外美景。我在「竹風堂」裡享用糯米飯「栗強飯」及栗子湯圓湯。糯米飯堅挺，煮熟的栗子蓬鬆綿密，入口後絲絲的甜味令人激賞，之後的甜食栗子湯圓湯更是可口，湯圓是塊狀的年糕，甜湯則是百分之百純栗子味，香而不致甜膩。

最早將栗子製成糕餅的小布施名店，首推「櫻井甘精堂」，號稱栗菓創製元祖，至今傳至第七代，已有兩百年以上歷史。此店名產

「栗菓」，也就是栗製成的糕餅，有「栗羊羹」、「善光寺落雁」，以及「栗かの子」(kurika-no-ko)等，都強調有百分之百栗子的成分。「善光寺落雁」是栗子磨成乾粉製成的米白色甜糕，「栗かの子」以鐵盒裝大顆甜栗子，磨成豆沙狀濃稠的栗子膏為底。其他栗餅名店如「布施堂」等，都在附近。

畫狂人葛飾北齋

小布施的土壤與氣候最適合栗樹的生長，優質的經濟發展也帶動人文，因而吸引浮世繪大師葛飾北齋(Katsushika Hokusai，1760～1849年)在此繪畫吟詩，安度晚年。充滿浪漫氣氛的小布施，有美食美酒與藝術品，堪稱人間仙境。

即便不是浮世繪的愛好者，我依然受北齋館吸引，入內參觀葛飾北齋晚年傑作的收藏。館內展出的北齋名畫「怒濤」，浪花還分「男浪」與「女浪」！

北齋所繪仕女，特別具有

栗強飯，加山藥定食。吃素的人照過來。

岩松院內有鳳凰圖。

栗子樹下可撿拾栗子。

也有用蒸的栗餅！店家推出栗包子，現蒸的最好吃。

中國畫風味；畫中美女瓜子臉丹鳳眼，顧盼生姿的身影極其迷人，其他如富士山等名畫，也是浮世繪代表作。美術館內有兩座祭典用山車，山車頂的天花板上所繪浪花「怒濤」及「龍與鳳」更是難得拜見。

江戶時代，本身也是畫家的小布施商人高井鴻山，邀請葛飾北齋在最後的七年生涯留駐於小布施。自稱「畫狂人」的北齋，因而有許多畫作留在小布施。作品中最受人稱道的，是八十二歲時北齋親手繪製十二個組合畫而成的「鳳凰圖」，貼於小布施西郊的岩松院(Gansho-in)的天花板上。

岩松院是小寺院，我也當起畫迷，坐在矮凳抬頭仰慕

路旁石塊上畫有北齋的作品，給我不少驚喜。

名畫。現場不斷湧入來客，卻是安靜無聲。

漫步於市街，遊客只要稍加注意，就可看到不少北齋畫作的複製品；「櫻井甘精堂」的暖簾上就有葛飾北齋的浮世繪人物畫，小路旁石塊上拓畫也採用類似圖畫。有名的義大利餐館「傘風樓」，店名來自葛飾北齋的「傘風子」，店門的牆面上有「傘風子」巨幅複製畫。

葛飾北齋「傘風子圖」介紹文。

交通旅遊資訊

小布施(Obuse)

小布施在長野市附近，從長野市乘坐「長野電鐵」火車，約30分鐘可達小布施。長野位於東京之西北及名古屋的北邊。從東京乘坐長野新幹線火車約1小時30分鐘可達長野市。或從名古屋乘坐中央本線特急火車，約2小時經松本，再約1小時可達長野市。

「小布施浪漫號」是繞行小布施市區的小巴士。

納豆口感評價兩極。追究來源,一說是文祿之役(1592年)豐臣秀吉的愛將加藤清正,受困九州熊本一帶,急缺軍糧,部下煮了豆子,讓士兵與戰馬分食。吃剩的煮豆,被放在稻草編成的貯藏袋裡保存,並掛在馬背上行軍。馬的體溫影響了豆子,還傳出誘人香味,加藤清正將袋子打開,分給大家享用,才知道平凡的豆子變成了「拔絲納豆」,別名「香豆」(讀音還是當地口音ko-ru-ma-me),成為熊本的美味食品。

納豆

❶

❷

以 前,大豆煮熟後用稻草包起,利用附著的野生納豆菌種來驅使大豆發酵。由於菌種少,力道不強,終究不能用於大量優質納豆的製作。

納豆講究新鮮衛生,最好是現場做且盡快吃。除了到超市的冷藏部採購之外,坊間也出現強力拔絲活性納豆菌種,可以買回家自己蒸煮大豆,加入菌液再放在冰箱裡發酵。活性納豆菌種是特別挑選出黏性特強的菌種,在培養基中生長後,做成液體或粉末,以供家庭內使用。

應避免在高溫潮濕下浸泡大豆。五百公克清洗過的生大豆以1500c.c.水在5℃下浸泡18～20小時,再以細網輕輕瀝乾水分後,換水再煮九小時(壓力鍋可用來縮短時間)。在容器內放入納豆菌液,趁熱將熟大豆放入,並以1c.c.納豆菌液加入一百公克大豆的比例,用湯匙混和均勻。發酵時,預熱至38℃,在40℃左右溫室內發酵18～24小時,冬季則需較長發酵時間。放置在冰箱中一晚,等待納豆入味,也是必要手續。

❸

左頁圖說：

1.納豆變成蕎麥麵的配料，與山藥泥、秋葵拌在一起，口感滑溜好吃。
2.拔絲納豆有「鼻涕豆」別名。
3.拔絲納豆吃起來有些苦味，調味料是芥末及有機醬油，據說可預防心血管疾病。

日本人將大豆的吃法發揮得淋漓盡致，我從心底佩服，從豆腐、味噌到納豆，花樣夠多。想到國粹「臭豆腐」也算是一種異味美食，和納豆或可比擬。

到自助小餐廳吃早點，除了傳統的味噌湯、白米飯，烤鹹鮭魚片及沙拉，還附上剛從冰箱拿出來的小盒裝納豆，約有五十公克左右。

吃過的人都知道，撒上調味料醬油及芥末醬還是蓋不過納豆的苦味，而發霉的氣味和看起來不討好的漿糊般拔絲，也容易讓人沒胃口。

我視納豆為藥補，皺著眉頭硬嚥下，有些人則甘之

在超市內有售小包裝納豆，一般是45公克一盒，附芥末及及醬油包。

若飴，每餐必備納豆。納豆是目前日本人的熱門養身食品，據說有預防心血管疾病的作用。我在超級市場也看到分小粒、大粒大豆的類似產品，還有來自北海道所產黑大豆製成的納豆。

廣告上，都註明使用天然的大豆，保證不是遺傳基因合成作物(遺傳子組換え作物)，還強調是以有機大豆為材料。

黑大豆做成的納豆，屬大粒納豆，一樣附調味芥末及醬油。

小物誌　常見的納豆吃法

納豆加上醬油及黃色芥末配白米飯是最平常的吃法，芥末能抑制納豆氨刺鼻的氣味。米飯撒上蔥末、柴魚，搭配納豆時，打入一個生雞蛋也可增加口感。北海道與東北地方，還有納豆拌砂糖的吃法。

山藥、秋葵和納豆都能產生粘絲，有店家將這些食材與柴魚薄片、蔥末與芝麻全當作蕎麥麵的配料，還強調是健康食物。納豆經過此番安排，竟變得順口滑溜，讓人食慾大開。

高山
須坂

信州
味噌

味噌是日本最通俗古老的調味料，依鹽分多寡、原料、產地與色澤來命名與分類，就像印度咖哩，可配素也可配葷，各領風騷。魚或蔬菜加入味噌來烹煮料理的方式，還特別稱為「味噌和え」(misoae)。黃金色調是信州味噌的特色，風味也最佳。日本人有一句俗語，罵人不分清濁善惡，是「味噌も糞も一緒」(miso mo kuso mo issho)。

1

2

聽說我要到信州，朋友的立即反應是去買「信州味噌」嗎？可見人人喝過味噌湯，信州出產的味噌，名氣最為響噹噹。也有人問我，信州在哪裡啊？大體而言，位居日本本州中北部的長野縣，是一般人所指的信州地區。

長野縣不臨海，因此居民對民生所需的鹽更加重視，還發展出許多使用鹽與保存鹽的好方法，其中最令人稱道的當然是味噌了。光是信州味噌的產量，就佔了全國味噌的百分之四十。信州味噌的食文化，是日本全國一致推崇的。

長野縣內許多城鎮至今都保留有「味噌藏」，也就是製造與儲存味噌的大型倉庫建築，例如小布施(Obuse)的穀平味噌釀造場，也是兩百多年老舖，只是工廠與店面分開。味噌藏建築饒富趣味，多數倉庫是黑白兩色建築，黑色的瓦、白色的壁面。我最欣賞的是倉庫的門與窗，上面常常繪有不同的圖紋，倉庫窗戶的把手也富變化，在褐黑色調的老屋中特別顯得突出。

味噌藏的倉庫門窗是最重要的空氣調節器；平常日子門窗全開，讓房內通風，以維持一定的溫度與空氣流通是必要的。風大時門窗半開，嚴寒時緊閉。長野縣全年氣溫偏低，也難怪倉庫的門與窗戶做得如此厚重，我還常見味噌藏的門窗刻意以鐵鎖緊閉。

1.「味噌飴」是味噌做成的糖果。　　2.鹽屋的倉庫建築。　　3.味噌口味多，可試吃。　　4.富士屋專售味噌與醬油。　　5.甜味噌適合做湯或沾醬。　　6.朴葉味噌強調鄉土味。

信州味噌

鹽屋之產品。

信州味噌好滋味

　　長野縣須坂(Suzaka)，老街坊上有許多「味噌藏」，一再引起我的關注。打聽後知道有一家「鹽屋釀造(Shioya-jozo)」願意帶領我們參觀工廠。工廠人員說，他會仔細解說製造味噌的過程，但無法「實演」(jitsuen，即實物示範)。來到一間間廠房，見到寬敞而陰涼的房內有許多棚架，這是製造「味噌球」(味噌玉，misodama)的場所。

百年味噌工場

　　工人將煮熟的大豆搗碎成泥，用雙手將大豆泥揉成圓形的味噌球，排列在棚架上陰乾，需要兩個星期。

倉吉(鳥取縣)出產山椒味噌，還有柚子味噌，口味特別。

　　其後，用類似絞肉機的機器，將味噌球絞碎，再加入鹽與米麴，攪拌混和，就可開始用大木桶(樽)釀造。

　　走到隔鄰的釀造室，看到高大的木桶，木桶上方還有木板製成的踏板，讓工人可以爬到木桶上方站立，在高處用長木棒將味噌與鹽及米麴拌勻。我聞到淡淡的酒香味，看到牆壁上沾有許多菌種，看來像層層薄膜。

　　釀造味噌的木桶加有蓋子，特大的一個，還圍上「注連繩」(shimenawa)，本是掛在廟宇前的神符，工作人員笑著解釋，味噌口味好不好，有時要靠神明來保佑。

　　「鹽屋釀造工場」已有數百年的歷史，一直以古法釀造味噌，特別強調手工做成味噌球，是數代相傳的技法，原料也百分之百產自當地。這種花費一、兩年，讓大豆自然發酵的天然釀造法，顯然還是沒有被現代科技完全取代。

　　試吃了數種信州味噌後，我買了一種較為大眾化的帶回家。店家表示，把味噌當沾醬，可生吃涼拌，也可煮湯調味，未開封前是不必放置冰箱的。

　　沒想到不必放置冰箱保存的味噌，卻不能放在手提行李內登機！航運安全人員指示，味噌是危險液體，絕對必須托運。

古色古香的「味噌醬油藏」(倉庫稱為藏)。

田舍味噌，強調芳醇，也是老牌。

在小火爐上放一片朴葉，再加味噌及山菜、香菇。烤香後的味噌，可當沾醬食用。

小物誌 豆腐田樂，吃豆腐也嚐味噌

「豆腐田樂」(tofudengaku)這道料理，主角是豆腐，配角是味噌，有專營店，而且生意好得嚇嚇叫。

伊賀上野(Igaueno，三重縣)是忍者的故鄉，水質優良，早以製造豆腐聞名，名物

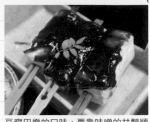

豆腐田樂的口味，要靠味噌的甘醇順口來提味。

「豆腐田樂」歷史悠久，直追戰國時代。田樂座わか屋(dengakuzawakaya)離伊賀上野城堡入門處不遠。

碳烤豆腐在客人面前進行。只見竹棒上串著長方形的豆腐，被排成長排以木炭加熱，再用味噌醬塗抹，以中火烤香。師傅一手為豆腐翻面，另一手塗抹味噌醬，忙得不亦樂乎。

我的豆腐田樂大餐，在陣陣味噌濃香之中圓滿完成。豆腐有味噌來提味更加可口，配上簡單的蔬菜、醬菜及味噌湯，就是素食裡的珍味。

盛放在葉面上的味噌醬，朴葉味噌

除了信州，岐阜縣高山市(Takayama)一帶出產優質大豆，製成「朴葉味噌」特別值得注意。

飛驒牛肉(hidagyu)一向是高山市的驕傲，牛肉味道好，牛肉沾醬也是特製的味噌。用小火爐當場烤牛肉薄片來沾醬吃，十分受歡迎。

更新鮮的事是小火爐上有一整片的朴葉(hoba)。朴葉乾燥時呈淺褐色，盛放在葉面上的味噌醬，本來呈黃褐色，隔著朴葉加熱一陣子後，火苗由小火爐上升到朴葉，朴葉受熱面不改色，只會傳熱而不會燒光，葉面上的味噌卻迅速變紅、變熱並傳出陣陣香味。

飛驒牛肉套餐附有一盤豆腐，我夾起豆腐薄片沾著溫熱的味噌，吃後驚喜發現經過味噌加持的豆腐，味道好得不輸飛驒牛肉片。不自覺中，又多扒了兩碗白飯。

i 交通旅遊資訊

須坂(Suzaka)
從東京搭乘長野新幹線到長野，約需1小時30分鐘。從名古屋搭乘中央本線快車，可在約3小時到到長野。轉乘長野電鐵，約25分鐘可達須坂。

富士屋
✉ 長野縣小諸市本町1丁目3番地10號(此店在長野縣小諸市(Komoro)主要街道本町之上)
☎ 0120-330-398

高山(Takayama)
從名古屋搭乘高山本線特急火車，約2小時10分鐘可達岐阜縣高山市火車站。若從東京出發，可先搭乘新幹線到名古屋，約需1小時40分鐘，再轉高山本線。或者

從新宿坐高速公路巴士直接到高山市，需時約為5小時30分鐘。

伊賀上野(Igaueno)
從JR奈良車站乘坐奈良急行快車，約需40分鐘，在伊賀上野北郊的伊賀上野駅下車，再轉乘近鐵伊賀線，7分鐘後到上野市車站下車，就是伊賀上野的中心區。

田樂座わか屋
✉ 從上野駅走出火車站，轉到北邊與鐵道平行的大馬路上，此大馬路的北側有道路通往上野城。向西行約500公尺，在左手邊就可找到田樂座わか屋，就在近鐵伊賀線上野市駅的前一站西大手(にしおおて)車站附近
☎ 0595-21-4068

誰說中藥苦而難吃？溫熱的葛根湯潤喉，冰涼的葛餅和葛切，在我的舌間彈跳。本以為奈良縣的吉野山是葛的故鄉，沒料到九州的賞櫻名所秋月，才是愛葛人的依歸。古樸茶室內，加有黃豆粉與蜜汁的葛餅，讓味覺升級，小鎮春回。 、

秋月 葛餅

原 來生長在山林野外的葛，是古來就受人重視的天然植物。葛樹的莖葛蔓可以織成布料「葛布」，中藥材葛根(kakkon)有解熱功效，葛葉可做家畜飼料。葛也是民間療法常用草藥，還是秋天七種草藥(秋七草)之一。在秋天開花，呈紅紫色串。

葛根的澱粉葛粉最實用，用手工精煉而得，日人稱之為「本葛」(honkuzu)，可以取代芡粉或玉米粉作高級料理勾芡的食材，也可以加入麵粉團中製作小丸子。「胡麻豆腐」(gomatofu)也加有葛粉。

葛切作法和我們熟知「搓洗愛玉」的方法類似；將打碎的葛根用清水不斷洗去污物及雜質後，裝入布袋搓揉後擠出漿汁，葛澱粉會形成白雪般沉澱物。在紙上通風乾燥成薄片後，切成河粉條狀就是「葛切」。如果讓純淨半透明的葛澱粉做成餅或塊狀，則稱為「葛餅」(kuzumochi)。

交通旅遊資訊

秋月(Akitsuki)

位於福岡縣中南部甘木市的北郊。從福岡天神西鐵駅搭乘西鐵大牟田線到久留米，快車需40分鐘，轉甘木線至終點甘木駅下車，又需35分鐘。下車後步行10分鐘到甘木巴士中心乘西鐵巴士，約20分鐘，在鄉土館入口下車，至秋月城跡入口黑門，步行5分鐘。也可以從博多的巴士車站乘坐巴士至甘木市，再轉往秋月的巴士。

黑門茶屋(Kuromon chaya)
✉ 甘木市秋月町野鳥684-2，位於從秋月鄉土館至秋月城跡的「櫻並木之道」(古稱杉之馬場)上
☎ 0946-25-0492

廣久葛(Hirokyu kuzu)本舖
✉ 甘木市大字下秋月532
☎ 0946-25-0215

葛餅的美味

「葛切(くずきり，kuzu-kiri)的美味，連藝伎也愛不釋手。」螢幕上出現這段文字，接下來的畫面是花枝招展的藝伎，正張著嫣紅小口，品嘗京都清水坂附近的人氣美食「葛切」。

葛(kuzu)是料理與和菓子的材料，也是葛粉(kuzuko)的簡稱。我初次嘗到葛粉做成的食物就在清水坂，店家將不同口味的葛粉以熱水沖泡，免費讓人試吃有淡淡甜味的葛湯(kuzuyu)。

京都市內出售葛粉的店家，喜歡在廣告上註明「吉野本葛」，強調吉野山(奈良縣)出產的葛粉才是名牌。

秋月的葛餅

不到九州福岡縣的秋月(Akitsuki)不會知道除了吉野山，這裡還是山綠水清的「葛之里」，1819年時受到藩主獎勵而大量生產的高級葛粉，已經有近兩百年歷史。位於甘木市北郊的秋月有「小京都」之名，是備受福岡人推崇的賞櫻花小鎮，也是品嘗葛餅的好地方。

遊客的目光集中在秋月古城垣及城門。黑沉沉的城門是「黑門」，靜靜述說著前藩主物語，逢花季時，昔日參道「衫之馬場通」變成花爛漫的櫻花隧道。

我在「黑門茶屋」的小店裡享受著葛餅的溫潤香滑，女主人端來秋月「廣八堂」的葛餅。廣八堂自己擁有林地，由採收葛根到精煉加工葛粉均一手包辦。百年老店的葛粉生產量占日本第一。

半透明果凍般的葛餅浸潤在黑糖蜜與黃豆粉之中，吃來既香且Q。葛餅的滋味，學自日本友人的話語，就是「大滿足」！

小物誌 秋七草

秋天的七草(nanaku-sa)都是季節花，可入菜，也當藥材補身。

葛是秋七草之一，

萩(hagi)花呈紫色蝶狀，多見於東北地區，九月時盛開。

八月底開花，根部先磨成粉，有解熱功效。其他六草：尾花(obana)是芒草的花穗；萩(hagi)花呈紫色蝶狀，多見於東北地區，九月時盛開；撫子(nadeshiko)，淡粉紅色花瓣有細細的鋸齒狀；桔梗(kikyo)開青紫或白色吊鐘形花，根部乾燥後有止咳藥效；根部也是漢方藥(即中藥)的女郎花(ominaeshi)，呈原生黃色傘狀，以及藤袴(fujibakama)，葉子有香味，在水氣重的山野中可見。

高山　長野縣
岐阜縣
京都府
京都　馬籠

「御手洗團子」(みたらしだんご，mitarashi dango)與「五平餅」(ごへもち，gohemochi)，是兩種形狀不同、材料相同、口味也類似的美食。御手洗團子源自京都祭神用食物，由來已久；旅行者以五平餅為隨身口糧，歷史也遠。

高山馬籠京都 御手洗團子vs. 五平餅

臨　行前，民宿老闆娘送我兩串五平餅上路，祝我旅途平安。她說，以前山道裡旅人就是帶著五平餅，來往於京都與江戶之間的。日本中部地區雖然有許多古老城鎮，在二十多年前，因山路阻隔交通不便，觀光旅客進出並不熱絡。

我在岐阜縣高山市(Takayama)首次接觸到御手洗團子與五平餅。拜這幾年來以「小京都」之名、高山市居民全力表彰老文化之賜，能同時賞味這兩種食物，真是樂在其中。

有趣的是，遊京都、大阪時，我很容易買到御手洗團子，五平餅卻銷聲匿跡；而在奈良井、妻籠與馬籠旅行時，我吃到了五平餅，卻不見御手洗團子。各地製作的五平餅，風味與形狀也稍有不同。投宿於馬籠民宿時，民宿老闆娘的拿手料理恰好是五平餅。

站在一旁，我親眼目睹煮好的白米飯被揉捏成圓球狀，作成一串串的五平餅後，放在煤氣爐上烤香，再淋上含有核桃顆粒的醬汁。不能叫做御手洗團子嗎？老闆娘認為，近代人比較習慣用五平餅來命名此類米製烤餅，形狀不特別規定，但醬汁是重點。

數年前，日本中部國際機場在名古屋開張，我由名古屋離開日本回台灣時，在機場三樓餐廳裡又看上了五平餅：店家提供真空包裝的五平餅，附加現成醬汁，可以帶回家，烤熱後慢慢享用。

❶

❷

3

1.馬籠民宿老闆娘製作圓形五平餅，三個丸子一串。　　2.五平餅可帶回家烤了吃。　　3.兩串御手洗團子下肚，暫時解饞。　　4.可口的御手洗團子。　　5.五平餅附醬汁。　　6.名古屋機場大廈賣場內也有五平餅。

4

5

6

御手洗團子 vs. 五平餅

五平餅的祝福

岐阜縣高山市近年來很受注目，本來是小山城，數年前因為高速公路更通暢，又有安房隧道通車等因素，每天湧入上萬遊客。

飛驒高山五平餅來自京都

熱鬧的老街「三之町」民藝品店或茶屋生意興隆，令我想起京都清水寺門前町商店的盛況。

逛老街常讓人忘了時間，肚子咕嚕咕嚕叫不停時，賣食物的小攤子最能引起我的注意。眼前最容易入手的是兩種火烤的米丸子，一種是將五個圓形丸子串在竹枝上，稱為御手洗團子；另一種扁扁又平平，像雪糕形狀，被稱為「五平餅」。

五平餅與御手洗團子都

高山市老街坊上的五平餅以及御手洗團子，號稱高山名物，實則應是傳承自京都。

是將米飯以手揉捏成形，在爐火上稍稍烤焦後，淋上醬汁的。兩者食材完全相同，口味依米的品種，或醬汁的內涵而有別；有的商家強調核桃仁醬汁，有的標榜獨家

祕方。濃郁的醬油味以及米香，其實才是吸引人的主因，一般用瓦斯爐烤熱，是取其方便與節省空間吧！

高山市以華麗的高山祭得到「小京都」令名，許多模仿京都文化的事物都很受到歡迎。御手洗團子是祭神所用食物，名稱也源自京都。

逛高山市老街，不時聞到烤醬油的香味，至於五平餅的名稱是如何來的？莫衷一是，在高山市裡沒有人可以回答我這個問題。

馬籠宿的五平餅

離開高山市後，我們前往岐阜縣的隔鄰長野縣，在馬籠(Magome)投宿。江戶時代，馬籠是主要道路「中山

高山市老街上的五平餅以及御手洗團子。此地稱圓形米丸子為御手洗團子，平扁狀米餅為五平餅，其實只是形狀不同。

攝於馬籠，這一家的五平餅是雪糕狀。

現代各地的御手洗團子，特徵是五個串在一起，沒有間隔，與原始祭神用、有典故的丸子不同。

小物誌 祭神餅，御手洗團子

京都的下鴨神社，每年在立秋前的第十七天，也就是七月下旬，舉行「御手洗祭」(mitarashi matsuri)。

在這一天，儀式在下鴨神社「糺之森」(うただのもり，utada-no-mori)森林林區

御手洗神社雖小，卻是大大有名，神社建在御手洗河上也是特色。

道」上有名的驛站，也設有許多旅店，保留至今。

一大早，我所住民宿的老闆娘就在一樓餐廳裡忙著準備「五平餅」。從一只大鍋中，老闆娘將煮好的白米飯以手搓捏出圓形的米丸子，用筷子串成三丸一枝。不一會兒功夫，五、六十串五平餅於焉完成，就等著火烤，將米丸子爆香了。

客人上門後，老闆娘點上瓦斯爐，先將米丸子表面烤成淡褐色，淋上第一層醬汁、重回火上烤乾一點後，再淋上第二層醬汁，稍加烤熱後上桌。

內的御手洗池旁舉行，信徒將腳放入池中浸泡，聽說可以洗除罪惡，並且驅邪避災。同時，神社以「御手洗團子」作為神饌菓子(祭神餅)來拜祭。這種團子以五個圓形米丸子串在竹枝上，第一個與後四個丸子之間還刻意做間隔，是它的特徵。有一說，五個圓形米丸子象徵人體的形狀，代表人頭與四肢，另一說則指出它代表御手洗池內清泉湧出時，水泡的形狀。

現在，「御手洗團子」依然是下鴨神社表參道上餅店「龜屋粟義」(又稱加茂みたらし茶屋)的招牌名物。

御手洗神社現在有洗手的地方了。

要吃正宗道地的御手洗團子在這裡。　御手洗團子趁熱快吃。

御手洗團子 vs. 五平餅

五平餅的美味，快要抵擋不住了。

隔壁家的五平餅以平扁雪糕型呈現，其他如淋醬汁、火上烤乾等作法都類似。

前人由京都走到江戶（現今東京）辦事，需時約二十天。帶著五平餅在路上吃的情況，我可以稍稍體會了，因為民宿老闆娘在我上路離開時，塞給我兩串米丸子，吃來格外可口。是老闆娘的美意，溫暖了我的胃。

京都加茂みたらし茶屋，道地御手洗團子

位於京都北側的下鴨神社是我常去的寺廟。走下市區巴士，這次我直奔在附近的「加茂御手洗茶屋」，叫了一客三百日圓的御手洗團子。

小店裡最受歡迎的食物自然是五個一串、一盤三串的御手洗團子。丸子裡加入葛粉，有自然的清香，口味十分溫和，女侍在櫃檯旁將烤過的丸子串浸入醬汁罐後，立即將丸子串以葫蘆形盤子端上桌。

想起我在大阪城賣店，和在飛驒高山等地所見的御手

加茂御手洗茶屋。

洗團子，都是五個丸子連在一起的，在這裡才會見到四粒丸子與另一粒刻意間隔的御手洗團子。這種造型是原創，已有百年以上歷史，我最高興的是它獨一無二，沒受到抄襲。

御手洗團子讓我有了飽足感，也連帶想順道到下鴨神社裡的御手洗河與御手洗神社一遊，終究又跨過大馬路，進入下鴨神社。

紅色拱橋下，御手洗河的水位當天顯得較低，御手洗神社是建構在御手洗河上小橋的小神社，也無人參拜。倒是在神社不遠，我看到一位男老師，正在向兩位男學生及三位女學生講解御手洗

三串三百日圓的御手洗團子，源自此加茂御手洗茶屋，五個丸子代表頭與四肢。

老師說，御手洗河內洗手淨身再參拜的習俗，十分古老。

上圖：製作丸子的靈感即來自御手洗河內水泡。幸運符上有雙葵葉印記，保佑無病無難。

下圖：糺之森是下鴨神社境內森林，小河稱為「御手洗河」。

河與御手洗神社的典故。

老師指著神社前的「手水缽」，又指一指學生面前的小河。男學生只是笑著回應，三位女孩子倒是一起彎下身來，並把雙手浸到河水裡。我聽到有人雙手邊浸水邊說，「好涼的水，洗好手就可以參拜神社了」。

下鴨神社裡有多種幸運符出售，很受歡迎，我選了透明塑膠製圓形的水泡幸運符，上面印有下鴨神社的雙葵葉印記，祈求無病無難。

![交通旅遊資訊]

馬籠(Magome)
由名古屋出發，搭乘JR中央木線至中津川(Nakatsugawa)需50分鐘車程。中津川至馬籠宿，可搭乘濃飛巴士，車程30分鐘。

奈良井宿(Narai juku)
由名古屋向西北，往松本方向的JR中央本線，奈良井宿是小站，只有普通車停靠。可乘坐快車，50分鐘後先到中津川，改換普通車，仍需再坐1小時10分鐘，才能到達奈良井宿。

高山(Takayama)
在岐阜縣內。從名古屋搭乘高山本線之特急火車，約2小時20分鐘可到高山。

加茂みたらし團子本舖
✉ 京都市左京區下鴨松の木町53
☎ 075-791-1652

能用御手洗河水洗手，何等幸福。

京都

茶道 VS. 宇治金時

好茶如何來？只取茶樹上未受陽光照射過的嫩葉，蒸煮後乾燥，再用臼磨成細粉，稱之為輾茶(hiki-cha)，又稱抹茶(maccha)。喝茶的習慣傳自中國，日本人將抹茶用於茶道，使用攝氏80度左右的水溫來泡茶，保留抹茶中的維他命C，溫中帶微苦的滋味正適合茶道的精髓。

1 **2**

茶道與禪宗結合甚深，講究「一期一會」(ichigoichie)，有一生一回、以茶相會的內涵，強調珍惜當下，禮法嚴謹。茶道盛行於戰國時代，織田信長、豐臣秀吉等人都是愛好者，千利休(Senrikyu)更被稱為一代宗師。

茶道所用陶杯是樸素的大型茶碗，煮茶用金屬或陶製小鍋，以風爐燒木炭煮水。抹茶粉則放在稱為棗(natsume)的罐內。主人加上主客與陪客約有五人。先使用茶杓(chashaku)將抹茶粉放入茶碗，再將煮得半開的水(80℃)以柄杓(hishaku)舀起倒進。竹刷茶筅(chasen)是特製的攪拌器，可以使抹茶細粉與水攪和均勻。客人利用泡茶期間可以食用糕點。未吃完的糕點，則以自備的懷紙(kaishi)包起帶走。

主人送茶給客人時，客人坐在榻榻米上行答禮，並趨前將茶碗拉近自己，回原位後，口說：「頂戴します」，是喝的敬語。右手拿起茶碗放在手心上，依順時針方向分三次旋轉九十度，並分三次將抹茶喝完。其後以右手拇指及食指，由左至右方向，擦拭茶碗邊緣，並用紙手巾(或懷紙)擦手。

3

茶道儀式中所吃的和菓子。

從茶道到宇治金時

外國人想認識茶道，就像在霧裡看花。我曾經在現場看過茶道儀式，到頭來卻只有十分模糊的記憶，諸如：抹茶喝起來苦中帶甘，很能潤喉；吃小小一口有紅豆餡的和菓子，再喝一口抹茶很對味。茶道的其他禮儀和規矩，早都還給老師了。

前次拜訪京都，和當地年輕人聊天，他推薦我吃抹茶パフエ(parfeit)，即什錦抹茶冰，以抹茶冰淇淋搭配煮得軟爛的紅豆泥，也可加上水果切片、小湯圓、蜜豆等。

抹茶紅豆冰配料越多價格越高，名稱也不一樣，抹茶與紅豆是不變的主要成分。到冰店尋寶，我發現抹茶パフエ以及「宇治金時」(Uji-kintoki)是抹茶紅豆冰系列中較貴的兩種冰品。

「宇治金時」傳到台灣，掀起流行風，價格則是看配料的多寡。「宇治金時」其實是日文「宇治金時小豆」的簡稱與縮寫。燠熱難耐時，吃宇治金時讓人暑氣全消。

和茶道過程中所喝的抹

宇治金時價位高，貴在這一小杯抹茶。

茶、所吃的和菓子紅豆餡相比較，宇治金時的口味是極端豐富的，是又冰、又苦、又甜的解渴組合。茶道則是來「溫」的；溫婉苦味來自抹茶，有含蓄的苦，動作緩慢，可讓人若有似無的放鬆。茶道講究意境與氣氛，與吃宇治金時的快感與瞬間的滿足，還真是南轅北轍！

茶道的禮俗對場地、服裝、自律與節制都有所講究，也需有金錢與時間來撐腰。繁文縟節與流行常背道而馳，我對宇治金時比茶道受歡迎，反應是完全的坦然。

夏天到了，冰品中加有抹茶可以讓人放鬆心情，最受歡迎。

小物誌 宇治抹茶，金時小豆

宇治(Uji)指京都南郊的日本茶產地，是日本高級茶葉的源頭。有句話：「宇治的本格是抹茶」，表明了宇治茶葉之中，抹茶為箇中翹楚。金時小豆(kintoki-azuki)則指煮得又軟又透、既粘稠又甜膩的紅豆。

宇治金時的特點在於不使用冰淇淋，而是將抹茶的濃汁直接淋在綿綿密密的刨冰之上。煮得通透的紅豆，與鮮綠的抹茶，以及沁涼的細冰在舌尖相遇時，宇治金時的神奇魅力就發揮到極致了。

人氣沸騰的早市最能振奮我心。輪島早市的農家婦女，對我麻辣嗆聲，慓悍的作風讓人目瞪口呆；和商市場裡，飢餓的胖哥，拿著飯碗大啖海鮮蓋飯，令人發噱。

函館 輪島 釧路 早市

早市，或朝市(asaichi)，是同義同音日語字。有趣的早市就像慶典一般繽紛多彩，日本的早市花樣多，環境明亮乾淨治安也不差，與傳統菜市場的感覺截然不同。

　　早市的樂趣總結約有三點：一、可以買或看到特殊的商品，二、可以直接感受當地的民風，三、現場喧嘩嘈雜的氣氛，正好爲忙碌的當天，開啓愉悅興奮的序幕。

　　印象最深刻的，是石川縣能登半島上極富盛名的輪島早市。輪島(Wajima)面臨日本海，是小漁村，漁夫長年出海捕魚，妻女留守持家。輪島早市每天上午開張，讓當地的女性可以到市集裡展售自家製作的得意作品，諸如手工藝品、蔬菜水果、鮮花以及醬菜等，也提供了大家交朋友、交換八卦消息的社交場所。在現場我可以感受到賣方個個精力充沛、神采奕奕，外來人買方熱烈與當地婦女交流接觸，情緒也會跟著高亢起來。

　　其他各地的朝市逛起來也饒富趣味；例如北海道釧路(Kushiro)和商市場(Washoichiba)的海鮮，賣相好，又可以跟當地人有樣學樣，在現場買一碗熱騰騰的白米飯，平價享用豐盛的自助海鮮餐。早起的鳥兒有蟲吃。旅遊中，清晨告別溫暖的被窩，早起出門並不離譜，到當地的朝市去走走看看，還是會大有收穫的。

1. 松葉蟹是札幌漁貨中最受矚目的明星。
2. 在朝市內簡陋餐廳裡，遊客大啖海鮮。
3. 這家攤位最獨特，推出「朝市之女」人偶，作者得到最佳創意獎。人偶造型代表朝市婦女的裝扮，蕨紗頭巾、藍染圍裙是特色。
4. 透抽是當季特產，朝市內還有人出錢釣著玩，釣上了，就是他的。
5. 新鮮海膽活生生的，特別吸引人。
6. 函館朝市。

早市

早市，朝氣洋溢

朋友大力向我推薦輪島早市，我們刻意在前一天午後到達小鎮，想在民宿休息一晚，第二天及早趕集，好好見識一番。輪島的民宿，是不論大小、地點，一律同一價格的，讓我們對當地政府的行政管理有了很好的第一印象。我們的民宿在海邊，走路到小鎮中心的本町也很便捷。

輪島早市內民藝品，大部分是漁人之妻的手工傑作。

輪島早市

本町通早已改名為「朝市通」，當局規劃朝市極有魄力，朝市幾乎涵蓋這一帶商店街店面前的每一寸土地。每天上午八點～十一點，朝市一開，人潮隨之而來，商店也樂得沾光，難怪我們在本町通上看到店家忙著打烊時，不少人親切的向我們問候，一再提醒：「明天早上要記得來朝市逛逛喔！」

翌日來到本町通還是有一點驚訝早市的大規模，早市

裡，賣新鮮魚貨的最多，五花八門，可惜我們是短暫過客，只能用眼睛來欣賞。

輪島早市是漁人太太的天下及舞台，女販很會製造笑果，把現場氣氛炒得鬧哄哄的，有的扮演超級推銷員，把自己攤位上的商品說得天花亂墜，拼命拉住客人；有的把早市當作「井戶端會議」(itobadakaigi，指婦女在井旁洗衣兼談八卦消息)場所，與同好大擺龍門陣最要緊，並不熱衷買賣。現場不

時傳來笑聲、吆喝聲及喞喞耳語聲，輪島婦女爽朗外向粗線條的個性，在早市裡表露無遺。

我欣賞早市裡女販的打扮，可能更勝於她們的商品。許多太太穿著家居和服，圍著布製圍裙，頭上還包著白色棉紗頭巾，看來親切又順眼。

現場有個賣人偶的攤位最具創意，還得到獎勵。看店的婦女本人就是創作者，她手工製造的人偶取名為「朝市之女」，造型與這裡傳統婦女的妝扮幾乎一模一樣。

輪島夕市，是黃昏市集，規模較小。

輪島早市的女販，多是漁人的妻女。

她說，醬菜是我私房配方，快點買快點買，吃了就知道有多美味。

和商市場的自助海鮮飯

朝市的氣氛總是熱滾滾的。有名的函館朝市或札幌狸小路的朝市，在魚貨進場時，買方與賣方的互動與拉踞實在有看頭，的確是外行人看熱鬧，內行人看門道的地方。

位於北海道東南的釧路，因為有釧路港的新鮮漁貨，也有由北部鄂霍次克海轉運而來的遠洋海鮮，正是享受海鮮料理的重鎮。位在JR車站不遠的和商市場以及釧路朝市，因為交通方便，我也已造訪數次。

身為旅人，逛魚鮮市場最大的遺憾是心動可以，行動不能。在和商市場內我看到新鮮生魚片種類多，價錢又便宜，卻苦於無法在市場裡買下來現場吃。心裡想著，手邊如果有碗熱騰騰的白米飯有多好？

旅館內的朝市

想清晨一大早逛朝市，最大的障礙是要早早起床。早餐前去？還是用完早餐再去也有爭議，來回交通情況如何，更得考慮。

有一次在夏季時造訪札幌，所住旅館很懂得遊客心理，在旅館裡就安排有「朝市」。前一晚在電梯裡我看到告示，邀請住客早晨出門前，先逛一逛設在一樓的早市。第二天吃完早餐，本想趁早出門，沒想到櫃檯旁有一個小攤子，桌上放著各種札幌的土產，有糖果、餅乾、醬菜等，權充小規模賣場，挺吸引人。

旅館內的早市沒有叫賣聲，貨品少了活跳跳的海鮮或新鮮青菜，卻也有一些值得買回家的伴手禮。最令我欣賞的是由場地直接運來的「夕張哈密瓜」，價錢實在，忍不住買了一個，又回到自己的房裡，大口吃起來。

1.四色海鮮飯，不過少了海膽與干貝。2.毛蟹湯味噌口味。3.大啖海鮮生魚片。4.壽司以鮭魚卵食材最高價。

早市

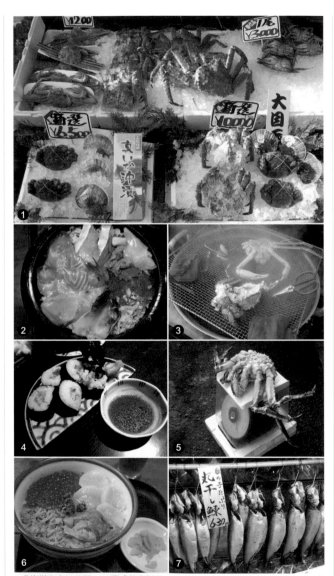

1.北海道名產松葉蟹。 2.豐盛的海鮮飯。 3.毛蟹用火烤還刻意剪去小蟹腳。 4.海鮮壽司卷的美味難抵擋。 5.秤斤論兩賣松葉蟹。 6.四色海鮮飯，海膽、鮭魚卵、蟹肉加生干貝。 7.冬日海鮮不易壞，風乾一夜最適合。

這次將近中午才進入和商市場的建築內。市場裡約有八十餘家商店，因為不是露天市集，生意顯得較為清淡。我注意到有不少年輕人，像是公司的職員，站在魚鮮攤位旁，手中都拿著塑膠製圓碗，裡面竟然還裝著馬上可以吃的白米飯！

店家女主人問我，要不要也來一碗「勝手丼」(katte-ron)？她指示我到市場內的惣菜屋(sozaiya，即賣小菜的攤位)買碗白米飯，再回到原攤位來，自己選擇想吃的生魚片或其他生鮮。她說，白飯一百日圓至三百日圓不等，視大小不同；各種海鮮則是便宜賣，店會替客人將各種生魚片排在白米飯上，做成「勝手丼」，也就是自己中意的、自己挑選的，與他人不一樣口味的海鮮蓋飯。

在現場的男士身體噸位不小的占多數，拿著大碗白飯繞著賣場，最後，白飯上有鮭魚片、鮭魚卵、海膽、扇貝或生干貝，都是北海道境

交通旅遊資訊

輪島早市(Wajima asaichi)

從金澤可搭乘能登鐵道火車到七尾，再換車到穴水，共需2小時30分鐘。然後再坐一小段巴士就可到輪島。也可以從金澤直接坐巴士前往。

釧路和商市場
(Kushiro Washoichiba)

札幌至釧路有JR火車，行車時間，特快約需4小時。搭乘巴士約需6小時40分鐘。從JR釧路車站，徒步3分鐘可達和商市場。

函館早市(Hakodate asaichi)

札幌至函館，搭乘特急火車約需3小時半。函館朝市位於JR函館火車站之西，可徒步前往，不超過5分鐘。

內常見的海鮮。店家還附上免費的味噌螃蟹湯，雙方稍稍講一點價後成交，平均需花費二千日圓才夠味。

和商市場內設有餐桌及座位，我問了幾位正在吃海鮮蓋飯顧客的意見：有人回答海鮮新鮮道地，可以試吃又能殺價、自己選擇、自己控制預算，方便又實在；店家則說，目前營業額不錯，漁貨化整爲零，不僅賣批發，也開拓小市民市場。海鮮蓋飯是新噱頭，人氣正旺。

和商市場旁還有個釧路朝市，以販賣青菜水果爲主，買主多數爲當地的婦女。

1.和商市場內。2.和商市場勝手丼人氣旺。3.在北海道享用扇貝、蟹、甜蝦及各種生魚片，新鮮又較平價。4.捧著一碗白飯，還要決定買什麼海鮮。5.鮭魚以紅鮭最受歡迎。6.在朝市內坐下來吃勝手丼。

美味雜炊

雜炊(zosui)是日本式鹹粥,近年來已經從菜單上陪榜的小角色,變成受人歡迎的菜餚。雜炊這名詞讓人聯想到廣東菜餚「雜碎」,是將米飯再處理的食物。雜碎是大雜燴,雜炊是將米飯以高湯加味,「湯頭好不好」成了最重要的關鍵。

①

②

一般雜炊,白米飯煮爛成軟粥,加有香菇及蛋,價位平實。但也有例外,我在琵琶湖畔大城彥根吃過「鮒雜炊」(funazosui),鮒(funa)是當地名物,索價較高。

日本各地居酒屋本是小酒肆,提供小菜及簡單的家庭小料理,通常只在入夜之後開張。近年來以現代連鎖經營方式開設的居酒屋,不僅規模變大,而且菜式繁多,包羅萬象,雜炊也是菜單中的一項。居酒屋多數不提供白米飯,顧客點吃雜炊,既可充當熱湯,又可以填飽肚子,十分實惠,對吃膩壽司、或吃不慣生魚片的我國旅人來說,尤其方便。以河豚、香魚(鮎,ayu)等高級魚類熬煮出高湯,煮成的雜炊更有質感。像九州一帶以虎河豚(torafugu)出名,推出河豚切成薄片、搭配雜炊的套餐,可以平衡一下口感,讓胃腸得到調適,是不錯的選擇。

③

1.香魚(鮎)套餐，附一大碗雜炊。　　2.彥根城堡。彥根在滋賀縣內，是琵琶湖畔城市，以產香魚(鮎)聞名。彥根城堡的庭園是賞楓勝地。
3.來到以鮮蚵著名的廣島，不吃一碗熱呼呼的「鮮蚵雜炊」太可惜。　　4.不要小看這碗雜炊，裡面放有不少香魚肉片！　　5.嫩雞火鍋香味四溢。
6.虎河豚套餐。因為河豚肉很高檔，要靠大碗的雜炊填飽肚子。　　7.鮒魚雜炊，有些油膩而且高價位。

美味雜炊

加了海苔絲與蛋的雜炊，
價位平實，常用鐵鍋當容器。

美味雞湯變雜炊

雜炊依高湯內容而有不同價位。平價雜炊用小香菇或新鮮菇類提味，加入熬煮昆布及小魚後得來的高湯，頂多再加個蛋花湊熱鬧。也有因應地方料理的特色，利用鮎、河豚甚至油膩的鰤魚熬湯，以提高價值感及口感。

鮮美滋味最令我印象深刻的高湯，是以嫩土雞熬成的，其他加魚類或菇類熬煮成高湯，也讓雜炊口味更富有變化。後來在四國地區德島，我吃到以蕎麥煮成的雜炊，才知道雜炊的第二主角米飯也可以換成其他穀類。

各種多變化、多口味的雜炊，讓我大飽了口福。相信在不久的將來，專賣雜炊的餐館就要出現了。

加入白菜、香菇和豆腐等配料是「若雞鍋」的吃法，典型的水炊料理。

福岡人最愛的「高等蔥」，細小如珠，香味佳。

水炊料理加白米飯

老友在九州福岡帶我們品嘗了豐富的「若雞鍋」(waka-dori nabe，嫩雞火鍋)，又稱「水炊料理」(mizutaki-ryori)。

陣陣的肉香，正從奶油色的高湯裡發出，精選的雞肉塊經過中火熬煮，先被撈出來，穿著和服的女侍隨後在鍋內放入大白菜等新鮮青菜。煮軟後離鍋，與柔軟的雞肉塊放在精緻的碗裡，佐以柚子醋(pontsu su)食用。

雞肉和大白菜以及柚子醋自然的酸味，再匹配不過。

女侍接下來宣布要製作雜炊了。先為每人盛好白米飯一小碗，再徵詢我們，想吃軟一點的「白濁」(hakudaku)？還是以高湯泡飯(御茶漬，ochazuke)來吃？請大家達成共識。

我問道：「白濁」是什麼呢？

女侍說，白濁是把米飯倒入高湯裡，再一起在熱鍋中將米飯熬煮成濃稠稀飯的作法。她推薦以高湯泡飯，也已經準備好大盤切細的蔥備用，是另一種吃法。

看到桌上細小的蔥珠，即「高等蔥」(kotonegi)，也是福岡的特產時，大家已經一致決定要吃高湯泡飯了。

女侍先把青綠的蔥粒撒在白米飯上，再淋上滾燙的

雜炊清淡可口。

高湯，做出清淡而道地的雜炊，味道出乎意料的美好。

各地雜炊有特色

行旅到四國德島縣，我被一家鄉土料理店吸引，還發現用蕎麥也能煮出可口的雜炊！

德島縣多山，土地貧瘠，稻米成長受限，當地居民辛苦種植出來的蕎麥，除了俗稱蕎麥麵(soba)的作法之外，也被民眾用來取代稻米做成粥，成為農民主食，「蕎麥雜炊」於焉誕生。

蕎麥比較硬，加入大量的小魚乾、雞肉、香菇、牛蒡或其他葉菜類蔬菜熬煮後，相輔相成，成為營養的食品，也是德島縣的招牌菜。

蕎麥米做成的雜炊是主菜，套餐搭配豆腐、醬菜和紅豆湯。很健康的一餐。

在小店裡，蕎麥做成的雜炊是主菜，套餐搭配豆腐、醬菜和紅豆湯，清一色素食，賣相依然討好。選購小包裝蕎麥米帶回家，也可以自己烹煮。

現在，雜炊早就已經不是剩菜剩飯的代名詞，還被稱之為鄉土料理之王，成為觀光重點。

小包裝蕎麥米，可以自己在家煮雜炊。

小物誌 白濁VS.高湯泡飯的差異

雜炊的作法，有白濁及高湯泡飯之別，但一般以白濁法最為常見。鹹粥裡的白米飯被煮得鬆軟膨脹後，融入在濃郁豐富的湯頭裡，稱之為白濁是很恰當的。吃時不需要特別的配料，常看得到香菇、蛋、海苔絲及蔥花，已經是色香味俱全。

高湯泡飯則不同，又稱為「御茶漬」，是指用滾熱的茶或高湯倒入白飯的吃法，白米飯不回鍋去煮，米粒不會煮軟，此時講究的是茶水的清香或高湯的鮮美，以及白米飯的餘香，只要一丁點的醬菜或珠蔥來提味，就是清爽高雅的珍饈了。本文中以雞湯泡飯，佐以極細而香的高等珠蔥，是九州人的吃法，也以漬物來搭配。

盛產小麥與蕎麥的日本長野縣，最具代表性的鄉土小吃是「歐雅奇」(お燒，oyaki)，看起來像是我們的餡餅，吃起來味道也相似。歐雅奇餡餅外皮由蕎麥粉混合小麥粉製成，內餡以蔬菜類為主，可以是這一帶特有的「野澤菜漬」(nozawanazuke)、南瓜泥、茄子或核桃泥。

須坂

餡餅
歐雅奇

長野縣全境以高原地勢居多，冬天平均溫在冰點以下，高冷蔬菜特別有味道。產於野澤(Nozawa)溫泉地的「野澤菜」製成的醬菜「野澤菜漬」(のざわなづけ)，是最知名的一種。

冰封的大地像冰箱，孕育了味道甜美、營養豐富的野澤菜。經過天然乳酸菌發酵後，居民在四月～十一月上旬，將鮮綠色的野澤菜做成「淺漬」(asazuke)，以少量鹽分短時間醃製而成。十一月～三月製成的則是「本漬」(honzuke)，用較多鹽巴醃製，更加入味。每逢十一月上旬，在溫泉鄉可以看到家家戶戶忙著洗菜、醃菜的盛景。

野澤菜是日式餡餅「歐雅奇」的催生者。歐雅奇餡餅可用油煎或烤箱烤熱，使外皮香脆，用蒸籠蒸熟或用微波爐加熱亦可。以野澤菜漬、蘋果或以味噌調味的蔬菜為內餡，可謂是「東洋式花素餡餅」。

左頁圖說：

1. 這是我在長野縣奈良井宿街頭遇到的少女。她站在小吃店門口，剛買了熱騰騰的餡餅歐雅奇。當場吃還是帶走？好猶豫。
2. 野澤菜可做成醬菜及餡餅內餡。
3. 百貨公司裡，展出信州美味，有各種口味內餡的「歐雅奇」，頗受歡迎。
4. 長野市善光寺遠近聞名，有千年以上的歷史，通往善光寺大門的門前町也有許多名店，「門前歐雅奇」對善男信女而言更是不陌生。

圓形餡餅歐雅奇，南瓜口味。

鄉土自慢　餡餅歐雅奇

須坂小鎮裡的居民十分喜愛餡餅一般的「歐雅奇」。小鎮建築古色古香，餡餅店門口插著白布旗，把餅店裡的招牌糕餅名字寫得神龍活現：有草麻糬(kusamochi)、歐雅奇、圓子(dango)、蕨餅(waramochi)等，吸引肚子餓的人靠近。

須坂雖小，販賣日式餡餅的店舖卻百花爭鳴，一家比一家開得大，我也樂得逛街兼逛餡餅店。有的號稱總本家，有的扯上「善光寺」。

原來，現在位居長野市的古老寺院善光寺(Zenkoji)有千年以上的歷史，以前在這一帶就有如雷貫耳的名聲，

歐雅奇餡餅源自祭拜神的食物，餡餅叫「門前歐雅奇」，對善男信女最具吸引力！

到善光寺參拜是了不起的大事。「被牛牽引入善光寺」指菩薩引人向善的傳說。

蒸籠裡的歐雅奇餡餅，餡餅上寫的字是內餡的名稱。

遠近聞名，信徒由各方湧入，到善光寺參拜是了不起的大事一樁！通往善光寺大門的門前町盛況，也如廟會一般。

歐雅奇餡餅源自祭拜神的食物，叫「門前歐雅奇」，

ℹ 交通旅遊資訊

須坂(Suzaka)

從東京搭乘長野新幹線到長野，約需1小時30分鐘。從名古屋搭乘中央本線快車，可在約3小時後到長野，轉乘長野電鐵，約25分鐘可達須坂。

須坂的歐雅奇，是小鎮的名產，價格也最平實。

對善男信女更有魅力了。

歐雅奇是信州的代表美食。因為與當地民間習俗有關，被封為「味之文化財產」。

小物誌　中元節(お盆，Obon) vs. 歐雅奇

北信州特有的食文化中，在八月十五日一定要吃日式餡餅「歐雅奇」，是祭拜祖先時的主要活動。民眾相信祖先在這一天會來到人間，但在人鬼邊界有很厚重的石窗必須突破，信徒因此在這一天以很硬的歐雅奇祭拜祖先，讓祖先在途中攜帶，充當食物，並能打破石窗，平安來臨。

日本人吃麵的習慣雖說來自古老中國，日本蕎麥麵(soba)卻是東洋味十足。各地蕎麥麵強調使用百分之百在地產蕎麥粉，及手工刀切麵條，也講究麵條煮後口感的Q及甘甜，更在蕎麥麵的做法及配料上不斷推陳布新。位居日本中部高原地區的長野縣是蕎麥麵原鄉，我到長野，發現賣蕎麥麵料裡的店比例最高，既是不可抗拒的事實，就來碗道地的蕎麥麵吧！

戶隱
蕎麥麵

①

②

蕎麥與小麥都可磨成粉做麵條，兩者最大的不同，在於米黃色的蕎麥粉帶有黑點，因為果實呈三角型的蕎麥，有不少的黑色顆粒在內。日文中，雀斑稱為「蕎麥滓」(sobakasu)，以蕎麥粉中帶有黑色斑點，來比喻臉頰上皮膚的色素斑，真是絕妙！

蕎麥或煮成湯麵(kake-soba)，或做成涼麵，「猿蕎麥」(zarusoba)指日本陽春涼麵。生麵條先用熱水川燙，撈起來後迅速用冰塊冷卻，還要加水用手不斷搓洗。結果，瀝乾水分後的涼麵，又Q又冰涼，嚼勁頓時大增，口感是一般小麥製成的麵條涼麵所無法比擬的。

山高水清的高原地形，最適合蕎麥生長。日本境內最好吃的蕎麥麵，在長野縣北部的戶隱(Togakushi)。該地平均標高一千二百公尺，是蕎麥麵的故里，每年九月下旬舉辦盛大的蕎麥祭典，當地還有蕎麥博物館。九月中旬起到戶隱，綴有蕎麥小白花的農田也值得參觀。

在長野縣的大城市，如長野市，到處可見打著「戶隱蕎麥麵」招牌的料理店，吃一餐道地的蕎麥麵變為理所當然。火車車站內，連在月台上的小麵攤也打出「信州そば」招牌。天氣冷時來一碗湯麵驅寒，熱氣逼人的夏季來臨時，涼麵為主的蕎麥麵，又會大受肯定。

信州そば

4

5

6

1.「十割蕎麥」使用百分之百蕎麥粉。
2.蕎麥田裡小白花開。
3.戶隱蕎麥麵有最道地美味。
4.在月台上可站著吃蕎麥麵。
5.農場內大橋下是山葵田。
6.高遠蕎麥麵來自大內宿。

3

蕎麥麵

來碗道地的蕎麥麵吧！

　　麵條是蕎麥麵的主角，除了要有嚼勁，也講究留在舌根處淡淡的香甜，信州產的蕎麥麵，光是麵條的品質就出類拔萃。

古樸的猿蕎麥麵

　　我在長野市車站附近，選了一家生意興隆的麵館，想吃最道地的戶隱蕎麥麵。店裡蕎麥涼麵口味有五、六種，最平價的猿蕎麥麵只有麵條與基本配料，含伴麵用湯汁(出し汁，dashijiru)、蔥花、山葵醬(wasabi)以及調味辣椒粉。

　　伴麵湯汁放在小陶罐裡，是以柴魚、昆布熬出的高湯，加醬油調製而成的。標準吃法是將伴麵的湯汁由陶

長野市善光寺名物「七味唐辛子」為八幡屋礒五郎公司出品。

罐倒入大碗內，取少許以冰塊鎮涼的麵條，再取蔥花及山葵醬，與蕎麥麵條混合食用，就是有一丁點嗆鼻的猿蕎麥麵了。

　　食桌上還有長野縣內到處有售的名牌調味辣椒粉「八幡屋礒五郎七味唐がらし」，唐がらし(togarashi)是辣椒，此地人愛用七種不同口味的調味料，其內包括辣椒粉，為蕎麥麵加持，大概和我國人吃麵時愛加黑胡椒或拌入辣椒醬的情況相當。

猿蕎麥麵配料簡單，口味單純，完全靠蕎麥本身甜味勝出。

高遠蕎麥(Takato soba)是大內宿(福島縣，Owuchi juku)的有名蕎麥麵。此地出產粗壯的蔥，新鮮而辛辣的口味與蕎麥麵是最佳拍檔。更妙的是，吃麵時以蔥權充筷子。

　　一般店家會再附上蕎麥湯(sobayu)，是煮麵條時留下的麵湯，作用像我們喝餃子湯一般，可以清一清口內調味料，也可再感受蕎麥本身就有的一絲甜味。

蕎麥麵最新配方

　　信州的另一名產是味噌，當信州味噌遇上信州蕎麥，

最近流行的拌麵湯汁是辛辣中帶有清甜味的白蘿蔔榨取液。吃時將味噌拌入白蘿蔔汁。

蕎麥做成的粗麵條，像我們的河粉，和南瓜等蔬菜共煮而成的鄉土美味「そばほうとう」(sobahoto)，是此套餐主食。

會迸出什麼樣的火花呢？信州的白蘿蔔和山葵的品質，也是日本第一喔！

信州蕎麥麵的新口味就是「榨汁蕎麥麵」(oshibori soba)，將一般的伴麵用湯汁做了改變，採用辛辣中帶點甜香的白蘿蔔榨取液，加上可口的信州味噌。

味噌拌入白蘿蔔汁，真是氣味相投，前者有醇厚的醬油香和鹹味，後者有爽口的天然辣勁，頓時把麵條調理得順口至極。店家的配料高明，份量拿捏得也夠精確，吃的人只要一股腦兒把所有的好材料混在一起，沒得挑剔的美味就到位啦！

大內宿的農宅已經變為今日的觀光勝地。在農宅門口吃「高遠蕎麥麵」變為一種另類享受。

小物誌 蕎麥小白花

莖高達一公尺，果實呈三角形的蕎麥，花朵有微帶粉紅的小型白色花瓣，在夏末秋初時出現於長野縣、福島縣田野之中，是一年生草本的蓼科植物，葉與莖都帶有辛

賞蕎麥花於琦玉縣高麗(Kori)。

味。有俗語說，「蓼(夕デ，tade)食う虫もすきずき」，表示各人喜好不同，就像辛辣的蓼也有蟲喜歡吃一樣。

深褐色三角錐形的果實，是最有價值部分，果實的硬殼裂開後，將淡褐帶黑點的果仁磨成粉，可以製作蕎麥麵或釀酒。蕎麥硬殼則可做枕頭的填充物，毫不浪費。

三角型的黑褐色蕎麥果，果殼裂開後果仁可磨成蕎麥粉。蕎麥花同時出現，表示花期已近尾聲。

蕎麥麵

現採的山葵。

生蕎麥也可以做壽司

日人常吃的卷壽司(mak-isushi)，是以海苔皮包白米飯，捲成一長條，再切成一小段、一小段後裝盤的。在台灣，一般日式料理店也供應如太卷(futomaki)、鐵火卷(tekkamaki)或花壽司(hanasushi)等各種不同口味的卷壽司，不外乎是在白飯中央，放入小黃瓜或鮪魚等一起捲成。

壽司不包白米飯糰，改包麵條的作法，是山口市湯田溫泉(山口縣)有一家東京庵(Tokyoan)料理店長的巧思。東京庵全國知名，創業已近八十年，最近在京都也開設

看似平常，但此卷壽司不包米飯而改包生蕎麥麵條。

了分店。

東京庵的店主曾因關東大地震而搬回故鄉山口，店裡的招牌是蕎麥壽司，使用純山口產的蕎麥為原料，將蕎麥以石臼磨碎成蕎麥粉，加水調和成麵糰後，再用手工切成麵條，但不煮熟，而直接將乾爽的蕎麥麵條取代傳統壽司的白米飯，還加入瓢瓜(干瓢，kanpyo)及煮熟的

蛋皮，一起捲成壽司卷。山口市湯田溫泉東京庵的老建築也是老式茶屋改建。

蕎麥壽司才入口內，就可感受到生蕎麥自然的香味。店裡所附蕎麥湯，也是特製，難怪蕎麥壽司成為山口市名產。

信州的山葵

山葵醬(wasabi)是蕎麥麵最重要的調味料之一。

我所見到最大的山葵田，在長野縣的穗高(Hotaka)、安曇野(Azumino)一帶。穗高小鎮位於松本盆地北部的田園地帶，可以遠眺日本阿爾卑斯山群。高山流出的雪

東京庵在山口縣湯田溫泉。

安曇野民宅旁就可看到山葵田。

此處曾經是黑澤明《夢》影片拍攝地點。

水由地面湧出，極適合飼養鱒魚，也盛行山葵的栽培。

由JR穗高車站下車，我迫不及待的跳上剛租來的腳踏車，往位於東方的大王山葵農場挺進。

騎車時一路經過許多山葵田，但我一心鎖定大王山葵農場，因為此農場號稱安曇野境內最大，而且也是日本名導演黑澤明電影《夢》的拍攝地點。

進入農場後，山葵田園的廣闊規模果然驚人。此地農人以長條的黑紗覆蓋在山葵作物上，因應作物的不同生長狀況，調節出最適當的日照。專業技術水準令人嘆服，周遭景觀也是有氣派又宜人養眼。

尋找電影《夢》的拍攝地點，找人群聚集的地方就對了。大家對著一條小河及河岸旁的水力風車猛按快門，我在一旁靜觀，也感受到環境之美。

農場裡山葵現挖現賣想必新鮮味美，我品嘗了農場有名的山葵霜淇淋，卻有些失望哩！

現場處理剛收割的山葵。

ℹ 交通旅遊資訊 ▶

長野(Nagano)
位於東京之西北及名古屋的北邊。從東京乘坐長野新幹線火車約1小時30分鐘可到達長野市。或從名古屋乘坐中央本線特急火車，約2小時後經過松本，再約1小時後可到達長野市。

戶隱(Togakushi)
長野市JR火車站有往戶隱方向川中島巴士，約需1小時可達。

湯田溫泉(Yuda-Onsen)
由新大阪搭乘新幹線向西，約2小時30分鐘到達小郡，轉乘JR山口線快車，約15～25分鐘到達山口市。也可由博多（福岡）乘坐山陽新幹線至小郡換乘山口線。在山口市車站再乘坐防長巴士至湯田溫泉，約13分鐘到達。
東京庵
✉ 山口市湯田溫泉4-2-31
☎ 0189-22-1561
🕐 11:00～20:30，週四休店
💲 長州蕎麥壽司，1,050～1,600日圓

穗高(Hotaka)
安曇野(Azumino)
在松本附近。從松本乘坐大絲線火車，快車約15分鐘，慢車約30分鐘可到達穗高。JR穗高火車站東側為穗高，西側山區為安曇野。
大王山葵農場
✉ 位於長野縣穗高町，由JR穗高出發車程約5分鐘，入場免費，2月～4月中旬為最佳季節
☎ 0263-82-2118
🕐 每日08:30～17:30，11月～2月09:00～16:30

● 太宰府
福岡縣

太宰府

菅原道眞 VS. 梅枝餅

梅ケ枝餅(ume-ga-eda mochi)是
以糯米皮包紅豆餡，在烤盤上煎烤
的甜餅。起源自一千多年前，淨妙
尼製作圓餅，與梅樹枝一起供奉於
日本學問之神菅原道眞(Sugawara
Michizane)靈前的傳說。

漢詩、和歌與書法無一不精的菅原道眞，是平安時代前期學者，出身豪族，受天皇任命爲右大臣。五十七歲時被左大臣藤原時平陷害，天皇將菅原貶官至九州太宰府。當時菅原因愛兒驟逝，兩年後抑鬱去世。門徒將菅公遺骸以牛車運送時，牛車走到一處，不肯移動，弟子味酒安行因而將恩師葬於該地，也就是日後太宰府天滿宮的所在地。

不久京都落雷、地震、火災及瘟疫不斷，又有醍醐天皇薨斃等天災人禍，民間盛傳是菅公怨靈變爲雷神，對人的懲罰，朝廷遂將菅公名譽恢復，追封太政大臣，以「天滿大自在天神」之名拜祭。日本各地都有天滿宮，尊菅原道眞爲神。其中，太宰府天滿宮爲菅原道眞埋骨之地，京都北野天滿宮則爲規模最大。

菅原道眞詠梅功力了得，歌碑上寫著「東風ふかば　匂おこせよ　梅の花　主なしとて　春なわすれそ」。意譯：「東風吹拂喚起梅花香，逢春勿忘主人已遠離。」此詩詠嘆對梅花不捨之情，讓原本生長在京都的梅花，竟追隨著詩人，在九世紀時飛到九州來相伴，而有「飛梅」之稱。

許多年長者在太宰府天滿宮內流連的地方不是神牛，而是古老的飛梅樹。梅樹的果實被認爲是菅原的化身，放有梅子的「御守」護身符賣得極好。太宰府境內梅樹也是長壽健康的象徵。

1. 外觀像餡餅，上面印梅花，內餡包紅豆泥的梅枝餅，是太宰府特有名產。
2. 太宰府天滿宮的正殿在山門之後。
3. 來到太宰府，人人買梅枝餅作伴手禮帶回家，也可以宅配。
4. 神牛的雕像也是天滿宮裡不可或缺。此臥牛像據說可以治病消災，頭痛的信徒摸牛頭，不僅頭痛不再，而且還會變得更有智慧。
5. 梅花標誌，一看即知是太宰府天滿宮境內之物，連小吊燈也不例外。

菅原道真vs. 梅枝餅

木刻小物鴞，可祈福保身。

太宰府梅枝餅物語

與東京淺草寺的仲見世通、或京都清水寺前的清水新道一樣，有名的神宮或寺廟之前常有門前町，九州福岡附近的太宰府(Dazaifu)天滿宮，也有一條筆直熱鬧的表參道。

表參道上的梅枝餅

表參道上有四十家以上的梅枝餅店。現代日本人吃梅枝餅，不會在意它是否特別美味，只為紀念俗稱「菅公」或「天神樣」的菅原道真。

表參道上除了梅枝餅，還有太宰府特有的紀念品可當伴手禮，像考試必勝的祈福牌、御神酒(梅酒)、梅守(放有梅子果實的護身符)、以及木刻民藝品鴞(うそ，uso)。

進入太宰府之前，我和大家一樣，會經過寬廣的庭園。庭園中心是心字形的大水池「心字池」。跨越心字池，有以紅色欄杆妝點的三

梅枝餅是太宰府特有名產。

段橋「御神橋」，最前段是拱形的，名為「太鼓橋」，代表辛勞的過去；中段是平直的「平橋」，代表現代；後段仍叫太鼓橋，也有拱形橋身，代表新的困難及未來的希望，傳達著佛教三世一念的教義。

在本殿祭拜菅原道真

穿過大鳥居，再通過神宮的樓門來到本殿，是桃山時代豪壯華麗的建築，與我在京都所見北野天滿宮有些類似。原先在菅原道真墓地上所建太宰府天

主持儀式的男住持「神主」。

滿宮，於1591年重建，北野天滿宮則建於1605年。

若將兩地的天滿宮加以比較，太宰府天滿宮境內充滿浪漫氣氛，受到後人重視的神牛與飛梅，只占用較小的面積。此地因保存有菅原道真一生重要的文物，信徒造訪此地不只求學業精進，還能浸潤在環境之中，懷念菅公的種種際遇，甚至與菅公做精神交流，京都北野天滿宮的信徒則多為祈求考試順利而來。

太宰府天滿宮採用藍色調，紙製的籤條是深藍色系。住持「神主」(かんぬし，kannushi)，身穿白梅花紋藍底衣，頭戴烏紗帽(えぼ

拱型紅色橋身的御神橋，橋下是心字池。

梅樹下的太宰府祭典

三月第一個週日，曲水之宴(kyokusui-no-en)在「曲水之庭」裡的小河畔舉行，開滿了梅花的大樹下，有人飲酒，有人吟詩，彷彿平安時代貴族生活再現。

祈願的木牌

初夏六月造訪太宰府，心字池中是菖蒲的花花世界，紅色太鼓橋旁則有紫陽花的倒影，掩映池中互相比美。六月中，梅樹結實累累，工作人員使用長木棍，從飛梅樹上將梅子打下，以製作梅乾。空氣裡傳來酸甜之香，是「梅ちぎり」(ume chigiri)季節。

2006年六月，九州國立博物館成立於天滿宮旁的山區。地方人士對此博物館捧場的盛況，再一次印證了菅原道真的份量。

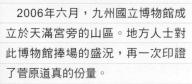

抽籤後，記得把籤條綁好，可與「天神樣」、也就是學門之神結緣。太宰府天滿宮的籤條是深藍色，也很獨特。

各式各樣的幸運符，保佑考試及格。

し，eboshi)，也與京都北野天滿宮的住持身穿酒紅色系服裝不同。

葫蘆與鷽鳥

神苑的梅樹之下，以葫蘆斟酒喝可免厄運的說法，在菅原信徒的心中，也是深信不疑的。太宰府天滿宮的「厄晴れ」(やくばれ，yakubare)葫蘆很受歡迎，買回家後，將祈願的字條封入葫蘆，在自家神位處祭拜，等厄運過去，再帶回天滿宮內特定處懸掛還願。

每年一月七日太宰府舉行「追儺祭」(oniyarai)時，還有「鷽替え」(usokae)活動，也可寫作「嘘かえ」。

木製鳥形雕刻小物「鷽」，代表「說謊」，採自同音的「嘘」字。菅原道真的信

在天滿宮境下梅樹下喝葫蘆酒，聽說可以得到學問之神的加持。葫蘆可助除去厄運，稱為「厄晴れ」。

徒，在這一天可以帶著木刻鷽到太宰府，以此還諸天神，菅原照單全收，將信徒一年的謊言全換以菅公的誠信。木鳥造型很討喜，也可以作為祈福保身之物。

🛈 交通旅遊資訊 ▶

太宰府(Dazaifu)
位於九州福岡縣。由福岡博多車站坐巴士，約40分鐘可達。或從福岡的天神乘坐西鐵大牟田線到二日市，再轉乘西鐵太宰府線，約40分鐘也可到達太宰府。

古今篇

當古先生遇到今小姐

日本各地

趣味

人孔蓋

日本人孔蓋幾乎全是圓形，鋼製的蓋子上寫著「お水」(osui)，意指下水道。各地人孔蓋包羅萬象，有彩色的，也有黑白的圖像，像是一幅幅有趣的告示圖，提醒著當地的人文內涵或特產，讓我停下腳步，好好欣賞玩味後，再拍照留念。仔細端詳這些人孔蓋，我對城鄉的印象就更深刻了。

❶

❷

安 步當車，在日本境內大街小巷裡閒逛，看到地面上有設計精美、圖案特殊的人孔蓋 (manhole cover)時，我會像挖到寶一般興奮！

這幾年來，常乘坐火車到日本文化小城鎮留連，發現小鎮居民為了發展觀光不遺餘力，將地方上最傲人的特色表現於地面的人孔蓋。這些圖像往往是我踏出火車站就可以親近到的，也是對當地人文的第一個印象。

許多難得一見的、精彩的、尤其是彩色的人孔蓋簡直變成了名畫，讓我一見鍾情。在旅程之中常張大眼睛尋覓，見到與人孔蓋相同的實景出現，立刻拿出相機拍照。

朋友們欣賞與羨慕我的人孔蓋圖收集，也會問道：「為什麼我去過當地，卻是一個也沒有看到呢？」原來，看人孔蓋是不開車或不乘坐遊覽車人的專利，美麗又特殊的人孔蓋，為「壓馬路族」帶來意外的驚喜，也添增走路時的無限樂趣。

3

6

1.這是大阪市人孔蓋。圖像上是熟悉的大阪城與梅花，而且還是彩色的。同樣圖案，也出現在黑白的人孔蓋上。　2.大阪城與櫻花實景。　3.石卷人孔蓋上有月之浦港口的景色及煙火。石卷(Ishinomaki)在宮城縣。　4.北海道旭川市人孔蓋。　5.山形縣酒田市人孔蓋。小布施人孔蓋，題材是葛飾北齋名畫「怒濤」，描繪澎湃洶湧的海浪。

4

5

山形縣鶴岡大寶館的白色建築，藍色屋瓦搭配紅色小尖塔，氣質出眾。

繽紛人孔蓋 足下好風情

我在典雅的日本小城裡，看到地面上的人孔蓋，有的標榜市徽、市樹、市花，有的以民間流傳的典故與傳奇為題材，有的描繪當地祭典……，不一而足。

東北、北海道──

角館(Kakunodate)

東北秋田縣角館市人孔蓋以「飾山囃子」為題材，每年九月七日～九日舉行的祭典稱為飾山囃子(oyama bayashi)，源自二百六十年前此地商家祈求商業繁盛、無病息災的民俗活動。

酒田(Sakada)

臨日本海的山形縣酒田市曾是繁榮的港都，觀光客在以前「庄內米」的流通基地「山居倉庫」(さんきよそうこ，sankyosoko)前流連。這裡有明治二十六年所建米藏(儲米倉庫)，是木造倉庫建築群，也是人孔蓋上最常見的題材，圖案還不只一種。

鶴岡(Tsuruoka)

鶴岡在山形縣，庄內藩主所建城下町，鶴岡城堡已成遺址。居民在城堡與壕溝所在地改建公園，並將明治到昭和時代，出身於鶴岡的有名鄉土人物資料，收集於大寶館(Taihokan)。

函館(Hakodate)

登上北海道函館市的五稜郭塔，俯視五角星狀的古城牆，也就是五稜郭(Goryokaku)，正像人孔蓋上所畫圖形。畫於圖案中央的官廳則是「舊函館區公會堂」。在函館，海鮮是當地理所當然的美食，一、二月時正值烏賊盛產期。

中部、關西──

穗高(Hotaka)

日本也有阿爾卑斯山嗎？長野縣北部高山連峰，統稱阿爾卑斯山脈，終年積雪，山城穗高就在山腳旁。人孔蓋上的圖案也是日本阿爾卑斯山。地處東京東北方高原，以滑雪地聞名，而蕎麥、大豆等產量驚人，也是蘋果名產地。

安曇野(Azumino)

長野縣安曇野有悅目的田野風景，麥田遠方常見白雪覆頂的高山，除此之外也有古道通過。行旅中，人人記掛家中安全，在路途中不免立碑祭拜，祈求上天保佑。古道上常見道祖神(dosojin)

角館人孔蓋以當地最有名的祭典為題材。

鶴岡的人孔蓋上，大寶館白色建築物之外，還有在空中的鶴。

函館五稜郭正像人孔蓋上所畫的圖形是五角星狀。建於幕府末期，是日本第一座西洋式城牆。

北海道函館人孔蓋上是海浪加上擠在一起的三隻烏賊，卡通造型超可愛。

穗高的人孔蓋上圖案也是日本阿爾卑斯山。

人孔蓋上有鹿，又有櫻花，是奈良公園的招牌。

冬季奧運在1993年於長野縣白馬高原舉行。我在長野市JR火車站附近看到此人孔蓋。

松本地區人孔蓋上的圖案是彩色手毬。

松本的彩色手毬。

石碑，通常刻有一對男女佳偶，保佑家庭和樂。

長野(Nagano)

至於在長野市JR火車站附近邂逅的冬季奧運人孔蓋，得來全不費功夫。此類人孔蓋很少見，頗具紀念性。

松本(Matsumoto)

松本市古時以絲織業聞名，文化氣息亦濃。兩百多年前，松本婦女以手工製作手毬（てまり，temari），是最流行的童女玩具，別名幸運手毬。手毬用彩色棉線纏成，核心內有小石塊或鈴鐺，搖起來還會喀喀作響。

現代的彩色手毬，圖案與色彩更是絢麗多變，有鶴或龜圖形的彩毬有長壽之意。

奈良(Nara)

關西地區的奈良，人孔蓋上有鹿，又有櫻花，是奈良公園的招牌。傳說中春日大社所祭祀的武甕槌命，即是乘坐白鹿降臨人間的。奈良公園的鹿自古以來被視為神的使者，受到立法保護，殺死鹿的人一律以死刑定罪。

野良時計人孔蓋最出眾

小物誌

安藝(Aki)是四國地區高知縣的小城市。明治時代所建的「野良時計」(Noradokei)建築，現在成為地標。

看到人孔蓋上的野良時計建築圖案，我迫不及待的來到安藝城堡附近。這一帶有許多武家房舍，也常見白牆壁、黑屋瓦的倉庫建築。野良時計建築就像鶴立雞群，黑白相間的時鐘塔在日式屋頂之間伸出頭來，與周圍的和式建築融合在一起。明治中期所建這座時鐘塔，設計仿自西洋。「野良時計」是純民宅建築，很稀有珍貴，野良時計人孔蓋的設計也深得我心。

長野市內所見人孔蓋圖案是一圈紅艷的大蘋果。

道祖神石碑、麥田與高山，構成安曇野人孔蓋圖案。

上圖：野良時計建築就像鶴立雞群，與周圍的和式建築融合在一起。
下圖：野良時計民宅建築成為人孔蓋圖案。

人孔蓋上，久留米絣的色調很鮮
豔，加上花與葉，非常亮眼。

太宰府天滿宮人孔蓋也有
梅花標誌。

日田市的人孔蓋上，描繪的
是此地的鵜鶘捉魚活動。

人孔蓋

九州——

久留米(Kurume)

　　位於九州地區福岡市之
南的久留米，特產「久留米
絣」(くるめがすり，kurume
gasuri)是以棉線織成的布
料，常被染成深藍色系，更
顯得樸實。手工編織而成的
「絣」有吸汗、耐洗、堅固
的特性，圖案以幾何圖形或
自然風物為主，有「井」字
圖紋的絣最常見。

太宰府(Dazaifu)

　　福岡縣太宰府是祭祀學問
之神菅原道真的殿堂所在。
太宰府天滿宮神殿中，到處
有梅花的標誌，人孔蓋上也
不例外。

田主丸(Tanushimaru)

　　喜愛「河童」(かっぱ，
kappa)的人，到九州福岡縣
田主丸市，保證收穫最多。

河童圖案的人孔蓋。

河畔牆上畫的是河童的鄉野
傳奇，小鎮內有數十個河
童石雕，糕餅店也推出河童
餅，人孔蓋的圖案當然也非
河童莫屬。

日田(Hita)

　　九州地區大分縣日田市的
人孔蓋上描繪「鵜飼」(uk
kai)，市內一座建築，白牆
面上的立體浮雕畫的，也是
鵜鶘。

中國、四國——

竹原(Takehara)

　　廣島縣竹原市因竹林多得
名。人孔蓋上有女娃與竹子
圖案，取材自日本童話《竹
取物語》。民藝品店裡的「
かぐや姬人形」，也就是女
性人偶かぐや(Kaguya)，即
以童話中的女主角為造型。

萩(Hagi)

　　位於山口縣北部的萩，是
毛利輝元所建城下町。明治
維新後不久，武士地位逐漸
沒落，種植夏蜜柑是當局救
濟失業武士的政策。武士所
住舊居現在仍可見到繁茂的
夏蜜柑樹。

湯田溫泉(Yuda-Onsen)

　　山口縣(Yamaguchi)山口
市郊溫泉鄉湯田，已有八百
年以上歷史。溫泉的開發，
傳說是因和尚偶然看見白狐
洗溫泉後腳傷完全治癒而
來。每年四月的首次週六及
週日，湯田地方還舉行「白
狐祭」慶典。

宇和島(Uwazima)

　　鬥牛及牛鬼慶典活動則是
宇和島人孔蓋圖像題材。

　　在四國愛媛縣之西南，宇
和島約在一百五十年前即有
很正統的鬥牛場地，每年約
有四次鬥牛大會。市營鬥牛
場中央有直徑二十公尺的圓
形「土俵」。土俵原是相撲
比賽的場地，宇和島鬥牛向
相撲學習，依鬥牛的成績把
牛分為橫綱、大關、關脇、小
結各級，牛主人還會為鬥贏
的牛掛上錦旗。

　　此地的「牛鬼和靈祭」於
每年七月二十三日～二十四
日在和靈神社舉行。祭典中
年輕人戴上牛鬼面具、身披
紅色罩袍，變身五、六公尺
的大傀儡，在大街上遊行。

萩人孔蓋上的圖案與實物幾乎一模一樣。

湯田溫泉街湯町人孔蓋上的畫,描繪傳奇典故。

宇和島人孔蓋上的鬥牛圖像。

竹原人孔蓋圖案取材自童話《竹取物語》。

交通旅遊資訊

函館(Hakodate)

在北海道南部。從札幌乘坐室蘭本線,或函館本線的特急「北斗」號火車,約3小時可達函館。如坐巴士則需5小時。夜行巴士6小時。

角館(Kakunodate)

在東北地方北部。乘坐火車秋田新幹線,從仙台到角館,約需1小時30分鐘。

酒田(Sakata)

在東北地方的西部,臨日本海。從仙台出發,乘坐仙山線火車到山形約1小時,轉山形新幹線到新庄約45分鐘,再轉陸羽西線,約50分鐘可達酒田。轉車費時費事,不如乘坐高速巴士,由仙台直達酒田,約需3小時。

鶴岡(Tsuruoka)

在東北地方的西部且臨日本海。鶴岡與酒田都在羽越本線上,相距約30分鐘車程,其間有余目站,可接陸羽西線火車。從仙台也有高速巴士直達鶴岡。

長野(Nagano)

從東京乘坐長野新幹線火車約1小時30分鐘可達長野市。或從名古屋乘坐中央本線特急火車,約2小時經松本,再約1小時可達長野市。

松本(Matsumoto)

在東京之西北及名古屋之北。乘坐中央本線特急火車,從名古屋約2小時到松本。從長野乘坐中央本線特急火車,約1小時可達松本。從東京的新宿乘坐中央本線火車,約2小時30分鐘到達松本。

穗高 (Hotaka)、安曇野(Azumino)

在松本附近。從松本乘坐大絲線火車,快車約15分鐘,慢車約30分鐘可達穗高。火車站東側為穗高,西側山區為安曇野。

奈良(Nara)

北鄰京都,西郊大阪。從關西機場可乘坐關西空港線火車到大阪天王寺(約30分鐘),轉關西本線到奈良(約30分鐘)。從京都可乘坐奈良線火車到奈良,約40分鐘。

竹原(Takehara)

從關西機場乘坐關西空港線到新大阪,約需50分鐘,在新大阪轉乘山陽新幹線至福山約50分鐘,再轉山陽本線,至三原約25分鐘,須再轉吳線至竹原。

湯田溫泉(Yuda-Onsen)

在本州的西部。乘坐山口線火車,從小郡到山口的前一站,即為湯田溫泉。從關西機場到小郡,則需先坐關西空港線火車到新大阪,約需50分鐘,再轉山陽新幹線,約2小時30分鐘到小郡。

萩(Hagi)

從關西機場乘坐關西空港線到新大阪約需50分鐘,轉山陽新幹線約2小時30分鐘至小郡,再轉山口線到益田,約1小時30分鐘,再轉山陰本線到萩,或其前一站東萩,更近市區,約需1小時。

太宰府(Dazaifu)

在九州福岡縣。由福岡博多車站坐巴士,約40分鐘可達。或從福岡的天神坐西鐵大牟田線到二日市,再轉西鐵太宰府線,約40分鐘也可到達太宰府。

久留米(Kurume)

在九州福岡縣。坐鹿兒島本線火車從福岡博多車站可到久留米,約需35分鐘。

田主丸(Tanushimaru)

在九州福岡縣。從福岡博多車站坐久大本線火車,約1小時可達田主丸。

日田(Hita)

在九州大分縣。從福岡博多車站坐火車久大本線,約1小時20分鐘可達日田。

宇和島(Uwajima)

在四國的西部。從關西機場乘坐關西空港線約50分鐘可到新大阪,轉山陽新幹線至岡山,行車約需50分鐘,再轉瀨戶大橋線到坂出,約需45分鐘,再轉予讚線到宇和島,費時約3小時30分鐘。有少數班次可從岡山直達宇和島。

安藝(Aki)

在四國的南部。從關西機場乘坐關西空港線約50分鐘可到新大阪,轉山陽新幹線至岡山,行車約50分鐘。到岡山後,轉瀨戶大橋線,再接土讚線到高知,需2小時30分鐘。在高知再轉室戶岬線到安藝,約需1小時10分鐘。

火車站牌寫上站名，站名的英文字幫助外地人學發音、認清方向。近年來，電子設施越發達，火車站牌的數量則愈減少。像新幹線沿路的車站，已不可能有設立火車站牌的空間與作法了。當看到火車站懷舊的裝潢，又有精彩的火車站牌畫出現，會很珍惜的多欣賞它幾眼。九州境內火車網四通八達，新幹線尚在萌芽階段，仍可常見到火車站牌，有趣小圖畫出現在站牌上的機率也很高。

九州
火車站牌畫

日本的火車既準時又舒適，簡直就像我旅遊時臨時的家！窗外整齊的農舍及田野風光相當養眼宜人，車內的裝潢與布置也令人格外放鬆。

火車到站，有一項樂趣會讓我眼睛睜大，努力向月台附近搜尋一番。我的目標是月台上豎立的站牌，站牌上會清楚標示當地的站名、前一站及下一站的名稱。我可以像上日語課一般，趁機學習各站名的發音。日文發音變化多，站名常常不按牌理出牌，只能照單全收。如此這般的日文教室，有了火車站牌上小圖畫，就不致於枯燥無味了。

我的多次九州火車之旅，都是購買九州地區JR周遊券(JR Rail Pass)完成的。九州地區的火車特別有趣，不但有多種造型，火車站牌上多數還有精彩小圖畫，引起我高度的興趣。時間允許時，我會「途中下車」到小鎮上逛它一圈呢！

火車站牌小圖畫的內容五花八門，優雅風趣，各具巧思與特色，成為我行旅九州的鮮明回憶。

3

4

5

6

1.湯野上溫泉火車站的站牌小畫，有趣又別緻。把溫泉的意境表達了出來。 2.穿著整齊制服的女服務員，站在火車門前迎接賓客。 3.這是湯野上溫泉(Yunokami-Onsen)的火車站，它不在九州，而是在福島縣，會津若松南方。 4.重富火車站在郊區，居民的驕傲是布引瀑布。 5.久留米火車站牌。 6.由布岳的山巔像駝峰。

從大告示牌得知佐賀縣縣鳥為喜鵲。

不要錯過九州火車站牌畫

田主丸(たぬしまる，Tanushimaru)在福岡縣，是久大本線(久留米至大分)上普通火車才會停靠的小站，但是火車站牌的小圖畫精彩極了，畫的是河童(kappa)與葡萄。火車站木牌旁邊立有高大的河童雕像，很有說服力地宣告河童的故里到了！諸如此類標示著該市鎮特色的站牌畫，成為當地最佳的迎賓大使。

田主丸火車站牌。

二日市，老梅站牌畫

由福岡縣二日市(Futsuka-ichi)下車，我們的目的地是太宰府的天滿宮。考季一到，祭拜「日本文昌公」菅原道眞成了大熱門，二日市車站附近有公車到太宰府(Dazaifu)，湧入不少人潮。

二日市的火車站牌畫有一株老梅樹，寫著「飛梅」二字。相傳菅原道眞爲詩最愛詠梅，天皇將他由京都貶官

至九州時，京都的梅花也飛到九州相伴。太宰府天滿宮是祭祀菅原道眞的寺廟，境內即有名聞遐邇的「飛梅」老樹。

佐賀、伊賀，花鳥入畫

九州佐賀縣有田陶瓷(即有田燒，Arita yaki)在日本十

分有名，特別的是有田火車站的圖畫，不是陶瓷器，而是縣花，楠樹花。

我在佐賀市火車站看到告示牌才知道佐賀縣的縣樹是楠(くすの木，kusu-no-ki)，縣鳥爲喜鵲(かちからす，kachikarasu)。小站伊賀屋(Igaya)站牌圖畫是縣鳥的美姿。另一小站中原(Nakabaru)也在佐賀縣，站牌圖案是五瓣的縣花。

佐賀市(Saga-shi)是鐵道重鎮，爲長崎本線與佐世保線所必經。火車接近佐賀市前，有許多小站的站牌小圖畫很有趣，「肥前山口」站的小畫是卡通小青蛙「Bikkie」，牠可是隻勤快的農夫青蛙呢！

二日市的火車站牌畫有一株老梅樹，還註明「飛梅」二字。

伊賀屋站牌圖畫是佐賀縣鳥的美姿。

肥前山口站的小畫是卡通人形小青蛙「Bikkie」。

武雄溫泉會館建築呈現於佐賀縣火車站牌小圖畫上。 武雄溫泉會館實物與火車站牌上小圖畫幾乎一模一樣。

天ケ瀨、武雄溫泉，泡湯風情畫

大分縣小鎮「天ケ瀨」(Amagase)地名有趣，但不是「天籟」，聽不到美妙歌聲，而是有溫泉旅館與多處露天的共同溫泉浴場。火車站牌上的圖畫，小是小，但把「露天風呂」的意境輕描淡寫地表現出來：遠景有火山為屏風，近處有三位「泡湯」的女性。火車站附近玖珠川河畔盡是溫泉旅館，河畔的美景不是泡湯客，而是山林楓紅在水中的倒影。

而介於高橋(Takahashi)與永尾(Nagao)兩個小站之間的「武雄溫泉」(Takeo-Onsen)，是九州地區歷史最悠久的溫泉城市。火車站牌上小圖畫一座古色古香的日

本式寺院建築，門牆是雪白色的，二樓有漆成紅色的窗框及欄杆小圖畫，皆取材自「武雄溫泉會館」，該建築已是知名地標。

由火車站走到武雄溫泉會館，大約是十分鐘腳程，此

溫泉會館後方有一片青翠的山林。雄偉的樓門是正門與入口，和剛才在火車站牌上看到的小圖畫一模一樣，只多了由兩側向左右延展伸出的圍牆。樓門後方的房舍是溫泉旅館的建築群。

小物誌 九州特快火車

日本新幹線以九州福岡為起點，往東向本州延伸，在九州境內只有福岡至北九州的一小段。值得注意的是，福岡與博多(はた，Hakata)可稱為雙子城市，福岡火車站位處博多這一側。

Sonic特快火車。

九州特快火車擔當起九州境內快捷運輸的重任，在質與量兩方面都讓人滿意。特快火車的車種尤其多，外觀搶眼，車內裝潢新潮，變化也多樣。

高級觀光火車「由布院之森」號曾經是九州特快火車中最受歡迎的車種，近來，新推出燕子號火車(つばめ，Tsubame)大做宣傳，以「九州新幹線」自豪，挑戰新高速水準，車內裝潢與服務也有新氣象。

燕子號行駛於新八代(Shin-Yatsushiro)與鹿兒島兩大火車站之間。由新八代至博多(福岡)則靠特快火車Relay Tsubame當聯接車。由布院之森號與燕子號均可使用九州地區周遊券(JR Kyushu Rail Pass)搭乘。

燕子號特快火車內部豪華。

火車站牌上的圖畫描繪「露天風呂」的意境。

火車站牌畫

鹿兒島，火山、溪流、鳥居

火車停靠在鹿兒島縣「國分」(Kokubu)站，在鹿兒島市(Kagoshima shi)附近。

站牌小圖畫上是城山公園的圖案。在公園裡，眺望鹿兒島縣櫻島活火山，及突出於雲端的放送局高塔再容易不過。下一站正是霧島神宮(Kirishima-Jingu)，參拜神宮的人要準備下車。

鹿兒島市是九州南部最大城市，火車站牌畫則至少有兩種：「鹿兒島中央站」的圖畫以櫻島的噴火活火山為背景，革命先烈西鄉隆盛的半身畫像成為前景；另一幅小圖，正在噴火的櫻島火山是主題，也是鹿兒島的市標。霧島神宮站牌畫的是代表神宮的鳥居與正殿。

至於重富(Shigetomi，在鹿兒島縣)，山裡的布引瀑布是居民的驕傲。而同樣以山林溪流為主題的，還有延岡(Nobeoka，在宮崎縣)，火車站牌畫是鮭魚逆流而上的畫面。當地以養鮭場有名。

由布岳是遠山，山形俊美。遊人最喜愛以由布岳為背景照相。

由布院，由布岳與辻馬車

我最喜歡的火車站牌畫在九州大分縣由布院(Yufuin，別名湯布院)。

第一次去由布院時在嚴冬，火車到達時已經很晚，我對火車站的一切視而不見，只擔心找不到旅店。次日清晨迎著朝霧，沿大分川到「金鱗湖」，湖面霧茫茫的像在冒煙，才知道金鱗湖

1.霧島神宮站牌的圖案，是神宮的大鳥居與正殿。
2.鹿兒島中央站的圖畫，有櫻島的噴火活火山及革命先烈西鄉隆盛的半身畫像。
3.鹿兒島站的圖畫是鹿兒島的市標，以正在噴火的櫻島火山為主題。
4.延岡火車站的站牌圖畫呈現鮭魚逆流而上的畫面。

由布院火車站牌的圖畫，取材自辻馬車、由布岳與金鱗湖冒著熱氣的溫泉。

辻馬車懷古氣氛濃。

由布院大街上的仿古汽車，載人穿梭於由布院溫泉鄉。

是大溫泉湖。

第二次去由布院，乘坐高級觀光火車「由布院之森」號(Yufuin no mori)，一路有女服務員隨車導遊。火車快到時，女服務員向大家宣布「由布岳」就在眼前窗外，許多人當場在火車內拍起紀念照，以秀麗的山形作背景。

由布院是九州頗受歡迎的溫泉鄉，鎮上小店也各具風采，遊客充斥。街道上不時有「辻馬車」(tsuji-basha)與觀光小巴士穿梭，帶領觀光客來往於火車站與金鱗湖之間。辻馬車的馬，有黑馬也有白馬，一樣大受歡迎。

秋陽之下，金鱗湖畔是紅葉的絢爛舞台，北側的由布岳山巔像駝峰，別致有形，靜靜的聳立在蔚藍天際。

回到車站，我見到火車站牌的圖畫，畫的是由布岳與辻馬車。木牌上寫的是「看得見溫泉、辻馬車與由布岳的火車站」，原來畫在山岳下方的煙，指的正是金鱗湖冒著熱氣的溫泉！

紅葉遮天，楓樹成蔭，且隨著小指示牌的箭頭，到金鱗湖畔「紅葉狩」。

ℹ 交通旅遊資訊

路線1
由九州最大城市福岡(Fukuoka)出發，火車四通八達；往東有「鹿兒島本線」及新幹線至小倉，並接往本州。往南有「鹿兒島本線」至南九州大城鹿兒島市。往西行，有「長崎本線」及「佐世保本線」。

路線2
天ヶ瀨、田主丸都是久大本線(久留米至大分)之停靠站。由布院則是久大本線的大站，較接近大分市。

路線3
日豐本線北起小倉，南至鹿兒島。日豐本線上，延岡位在東側，國分及重富位於西南。佐世保本線沿線上，有佐賀市、有田、肥前山口、高橋、永尾、武雄溫泉等站。

路線4
二日市位於福岡市之南。乘坐鹿兒島本線可達。由二日市有巴士可通往太宰府。

高級舒適的「由布院之森」特快火車，車廂有兩層，全車只有對號座位。

會津若松
松本
竹田

鄉土玩具

昔日塑膠製品不發達，有巧手巧思的人會利用手邊的木材、紙或泥土來製作玩具或小裝飾物，因造型有趣又塗有顏色及亮彩，深受庶民歡迎，流傳已久。常取材自民間故事或當地習俗，深具地方人文特色，名為鄉土玩具，也受到現代人的重視。

❶

❷

世界各地的民俗藝品，有很多是以紙或紙漿並使用黏劑，如漿糊或人造樹脂(resin)製成，通稱為紙藝品(papier-mâshé)，在蘇俄、印度及東南亞各地都能見到。日本人稱此類作品為張子(hariko)，也有相當豐富多采的作品。

張子是在各地藝品店裡常可買到的伴手小物，最具有代表性的有紅牛張子(akabeko)及老虎張子(hariko-no-tora)等。常以當季的生肖動物做題材，是諸多鄉土玩具中最為人知的一類。除了以紙糊成各式各樣的張子，日本人用紙來做其他玩具的情況也十分普遍。由古老中國傳入造紙技術後，日本人廣用於生活之中，像美濃(歧阜縣)、津和野(島根縣)等地更以出產和紙聞名。

用紙做成的津和野面具以及人形(即人偶)，造型多而有趣。面具的造型與民俗、祭典以及戲劇相關度高，例如戴上「阿龜」、「阿福」等丑角為造型的面具來表演，說服力最大。動物造型的面具也常見。日本神社之中，商人最愛的是祭拜白狐的稻荷神社。相傳白狐是農神的使者，也是商業鼎盛的保護神，這是白狐面具最常見的原因。其他如虎、蛙、豹等造型的面具，也相當受人歡迎。

1.姊樣人形。

2.桃太郎造型張子。

3.猴與梅花鹿造型張子,兩者都是在廣島縣宮島嚴島神社常見的動物。

4.生肖張子走超現實作風,有老虎及兔子造型。

5.丑角造型的和紙面具。

6.廣島縣宮島的幸福張子,以青鳥與貓頭鷹為造型。

3

鄉土玩具

掛著萬寶槌的「赤牛」帶來事事如意的祝福。

猴造型張子。

玩具 ① 張子

頭會搖動的張子

日本中部國際機場(セントレア，Centrail)在名古屋市郊，最近幾年來吸引不少人搭機由名古屋進入日本。建議您有時間逛一下國際機場三樓的小吃街，該地的店鋪從口味到裝潢設計都走復古懷舊風，可以殺時間，又可享受逛街與品嘗美食的樂趣。

賣甜糕「外郎」(ういろ，uiro)的店鋪，稱為「虎屋」，以「虎張子」為鎮店之寶。虎張子是頭部會搖動的紙製鄉土玩具，在日本各地是常見的裝飾物。

提到最有名氣、頭會搖擺的張子，當之無愧的是福

此老虎張子頸部不會搖，但仍受歡迎，為生肖張子的代表作。

島縣會津若松(Aizu Wakamatsu)的張子紅牛，當地人稱為赤牛(akabeko)。古時候紅牛張子是民家男孩誕生時賀禮，祝福男孩像牛一般，吃苦耐勞，健康長壽。

紅牛張子的牛背上背負有萬寶槌，象徵萬事如意；掛有寫著「百萬兩」字樣、象徵財富牌子的紅牛張子則祝人富而貴。頭部與身體分離，或牛頭與牛身有細繩相連，可以不停的點頭，也有招財、招福之意。

廣島縣宮島的青鳥張子。

各地張子走民俗風

會津若松的張子造型之多樣也令我眼界大開。以前當地的藩主蒲生氏鄉(Gamou Ujisato)在位時，大力提倡漆器與地方文化，「藩主張子」即以蒲生藩主為造型。塗有高貴漆料的藩主張子，

與塗一般顏料的，看起來不一樣，價差也大。

會津若松不愧為文化古城，我看到其他造型的張子如「老闆」、「姊妹」等，表情可愛，鄉土味也濃，還充滿了江戶風情。

其他文化古城，多數是古代的城下町(jokamachi)，也都有令人驚艷的張子作品。例如在長野縣松本(Matsumoto)所見的鍾馗、弁財天等造型的張子，都讓我愛不釋手。

茶道張子。

會津若松的「姊妹」張子，地方色彩及造型都有特色。

招財貓造型張子。

「少爺」張子，五個人物各具特色，令我愛不釋手，但為「非賣品」。

「少爺」張子在松山道後溫泉出現！

四國愛媛縣松山(Matsuyama)市郊有「道後溫泉」(Togo-Onsen)，溫泉鄉裡最受矚目的旅館是「道後溫泉本館」，建於1894年，因夏目漱石的小說《少爺》(坊っちゃん，bocchian)而聲名大噪。本館門口常見遠地客排隊買票入場，只為一睹「坊っちゃんの間」的房內布置，或想親身體驗大文豪當年在此寫作與泡溫泉時的氣氛。

我在附近藝品店裡看到的「少爺張子」，包管會讓夏目漱石的粉絲再瘋狂一次！紙做的張子題材全是《少爺》小說中的登場人物，從造型上來看大概是小說中的校長、教師、房東、朋友及惡棍等。五種造型都有活動的頸部，正好表達搖頭晃腦的肢體語言，生動至極。

道後溫泉旅館吸引大文豪夏目漱石的粉絲。

小物誌　為什麼稱為「張子」？

張子別名張拔(harinuki)，「張」是貼緊輾平的動作，「拔」指抽除，和製作張子的過程有關：先用竹片或木片做出模型，再把紙或紙漿與漿糊調和，分次或分層的張貼在模型表面，貼時盡量壓扁輾平，等紙漿乾燥之後，再撤除或抽離支撐出模型的竹片或木片，與我們製作花燈的情況有點類似。

動物造型的張子有許多是做成頭與身體分離的，大大增加了動感與趣味性，這種創意其實也能減少抽離模型時的困難度。

價位特別高的張子，有些是因為外層塗有高級漆料的緣故。這類張子的作法來自「一閑張り」(ikkanbari)，是明朝時由中國到日本的飛來一閑(Hirai Ikkan)所發明。將紙藝品表面上漆，做成各種家用品，如紙盒、桌面等，後來被廣泛應用到裝飾玩具張子的製作。此類作品又因為沒有傳統漆器有的木胚，不能歸類為漆器，仍屬張子。

玩具② 面具與和紙人形

「姬達磨」也是張子

過新年時，日本孩童購買達磨張子(daruma)帶回家的習慣已行之有年。新達磨的雙眼沒有瞳仁，由小主人先畫上單隻眼的瞳仁，平安度過一整年後，畫上另一側瞳仁，並將達磨送回神社還願，神社再將開了眼的達磨燒毀。

達磨是不倒翁，腹部下方較大，有奮起向上之意，因為是紙製，用後銷毀也不費事。近年來這種習俗已漸式微，在各地的鄉土民俗資料館裡比較容易見到紙製達磨，造型大小各有不同。

九州大分縣竹田(Taketa)小鎮出身的後藤明子女士，設計出「女達磨」張子，稱為「姬達磨」(himedaruma)，竹田的家家戶戶幾乎都供有一座。在其他城鎮並不得見，是祈求安產的供奉物。

竹田的姬達磨造型只有一種，大小尺寸則有數種，竹田鄉民一致支持，絕無仿冒或抄襲。

「和紙人形」，以繽紛多色的和紙，折出日本婦女穿和服的美姿，東洋味十足。價位平實，容易攜帶的和紙人形，幾乎是最暢銷的送禮紀念品。在江戶時代末期，松本(現在長野縣)文風鼎盛，是最受人矚目的城下町城市，城內婦女的裝扮與品味一直備受肯定。當地女童之間流行製作「姊樣人形」(onesama ryngyo)來自娛娛人。

姊樣人形很珍貴

髮飾與和服特別出色的姊樣人形，是當時的芭比娃娃！「姊樣人形」以素色和紙製作臉部及身體部位，再以印有和服花紋的和紙做人偶的服裝。和服中最具畫龍點睛之妙的腰帶(obi)，則用更鮮豔硬挺的花紙加在人偶的腰部，效果出類拔萃。光看姊樣人形的背部款款生

利用和紙巧妙的摺成當時婦女流行的服飾和腰帶。從毛線纏出的髮型則可以看出身分的不同：武士妻子較素雅，沒有太多裝飾；未婚女子的髮型及髮飾最花俏。

姿，就把其他各地的和紙人形都比了下去。

姊樣人形的髮髻也有值得驕傲的地方。松本地區自古產棉與絲，紡織業發達，也是這一帶的時尚中心。姊樣人形的頭髮不染色，一律是白色，但加上各種花飾來表達婦女的身分：武士之妻的髮飾是端莊含蓄的，較為簡單；妙齡姊樣人形則以繁花來妝扮髮型。

松本姊樣人形在同類紙人形中評價高，名氣響亮。表現以前婦女的裝扮，十分貼切有趣。

松本地區的紙人形。與七夕有關。男女有別，男代表彥星(牛郎)，女代表織姬(織女)。

也是津和野和紙人形，將花和紙貼在蚌殼表面。

七夕人形在松本

松本老街上一家專售民俗藝品的小店「ひいなの家ベラミ人形店」，很難得地見到「七夕人形」，是松本才有的紙娃娃，有男有女。男角是「彥星」，女角稱「織姬」，應該指的是牛郎與織女。松本的七夕人形使用五花八色的和紙折疊成人形的衣服，頭部也是紙製，畫有面孔、頭飾與官帽。

最特別的是，織姬或彥星人形穿著好多層紙製衣服。店家告訴我，人形上的紙衣是逐年加上的，有「年年有衣」的意涵。店裡還掛有數個長腳的人偶，以木材刻成頭部與手足，身上是紙衣，兩腳與手部相比，比例特長。店家說，此長腳人形象

徵彥星與織姬每年在天河相會時的橋樑。我國民俗中，為牛郎織女搭橋的是一群喜鵲，此人偶則是男性造型。

松本地區是在八月一日慶祝七夕，比日本其他地區足足晚一個月。店家女主人有一張照片，是她童年時的美好記憶。她說，到了七夕，此地的風俗是全家小孩穿上

浴衣(夏季簡便和服，yukata)，在面向庭院的門窗上掛七夕人形，並以西瓜、南瓜與甜餅祭拜彥星與織姬。

由親友贈送七夕人形給有新生兒的家庭，每年八月時懸掛出來，為小孩的平安祈福，也是民俗。

ℹ 交通旅遊資訊 ➡

會津若松(Aizu-Wakamatsu)
由東京上野乘坐東北新幹線，1小時20分鐘到達郡山後，轉搭磐越西線，約1小時10分鐘後到達會津若松。

道後溫泉(Togo-Onsen)
道後溫泉在四國西岸大城松山的東北部，從松山市火車站可搭乘伊予鐵道市內電車，需時19分鐘。

竹田(Taketa)
竹田在九州大分縣內，從福岡到大分，可搭乘久大本線快車，需時3小時。在大分換乘豐肥本線快車，約需1小時可達豐後竹田。

津和野(Tsuwano)
由新大阪乘坐新幹線向西，約2小時30分鐘到達小郡，轉乘JR山口線快車，約1小時到達津和野，普通車則需1小時50分鐘。

松本(Matsumoto)
松本在東京之西北及名古屋之北。乘坐中央本線特急火車，從名古屋約2小時到松本。從長野乘坐中央本線特急火車，約1小時可達松本。從東京的新宿乘坐中央本線火車，約2小時30分鐘到達松本。

松本市立博物館
✉ 在松本城旁
☎ 0263-32-1-0133(日本民俗資料館)
➡ 由松本JR車站步行約20分鐘
🕐 08:30～16:30
休 全年無休
$ 購買聯票520日圓，可參觀松本城
ℹ 館內收集七夕人形、紙雛及流雛等

ひいなの家ベラミ人形店
✉ 松本市中央3-7-23
☎ 0263-33-134
🕐 09:00～19:00
休 週三
ℹ Japanese Folk Dolls手藝教室、體驗教室

此店專售七夕人形、松本手球以及姊樣人形，並有手藝教室，推廣當地傳統文化不遺餘力。

角館
飯田
萩

武士的副業

幕府時代，人民階級分明，有士、農、工、商四族，以別於皇室與貴族。武士即士族，採世襲制，不易改變職業，與其他族群也不通婚。1868年明治天皇即位後二十年間，日本社會結構產生巨變，政府廢藩置縣以破除階級，將武士除籍，改給付國債券或協助創業，甚至安排武士遠赴北海道墾荒。武士為謀生計，最終變為農夫(種柑)、商人(販售水引)，以及工藝者(樺細工製作)等等。武士的副業經由明治維新的激發，已開花結果，傳至現代。

2

看過名片《黃昏清兵衛》的讀者，應該會記得武士男主角生活困頓，在家製作鳥籠賺取外快的場景，該片大部分在秋田縣角館(Kakunodate)取景。影片裡窮武士製作副業時的不堪與屈辱，令人一掬同情淚。

武士是有規律、且受過專業訓練的人。當社會動亂不安時，武士協助藩主在戰場上立功，平日則幫忙維持地方的政經繁榮。可是，當太平盛世來臨，或者藩主失勢時，武士變成英雄無用武之地，甚至面臨失業的嚴重危機。

德川幕府延續了二百多年，是日本史上戰亂最少的時期，武士地位每況愈下，明治維新(1868年)後，朝廷更下令廢藩，武士制度終究走入歷史。幕府後期，各地藩主的經濟狀況已經大不如前，為了增加收入，也因應時局的變化，由京都聘請有特殊才藝的名師，來教導手下的武士，並引進手工製造業。結果此舉也為日後的地方工業及觀光業，打下極深厚基礎。

例如，秋田縣角館的武士學習以山櫻樹皮做成「樺細工」(kabazaiku)，現在仍獨樹一幟；長野縣飯田(Iida)以和紙搓成細線，製成賀禮所用的「水引」(mizuhiki)，稱霸全日本；兩者都是以武士副業成就地方手工藝的好例子。最特殊的是，位於山口縣的萩(Hagi)，當地武士的副業是種植夏蜜柑樹，而萩也成為日本夏蜜柑的名產地。

❸

❹

❺

1.金銀紙線編成的水引，多數用在有喜事時送禮的包裝上，增加富貴感。　　2.「武者繪」以武士為題材，常做成風箏。
3.傳承館內的工匠，現場表演樺細工製作。　　4.樺細工茶盒，美觀耐用，是角館名產。　　5.人力車夫停下來，細述武家建築與「窺窗」典故。

武士的副業

副業① 角館的樺細工

角館幅員小，從火車站出發，步行十五分鐘，就可以把大道「武家屋敷通り」由西到東走完一趟。

角館是日本數一數二的枝垂櫻花觀賞名所，當地還種有許多檜樹與山櫻樹。二百多年前，秋田武士利用此地盛產的山櫻樹皮，張貼在各種木製家具的表面，製成樺細工。武士藤村於1780年代由秋田北部學成樺細工技法，將手藝傳給其他武士，後有小柳金太郎等人的改進與推廣。

現代人除了到「石黑家」及「青柳家」等武家房舍參觀以前高階武士的住宅與庭院外，還可買聯票一併參觀「角館町傳承館」(kakuno-date machi denshokan)。

傳承館內有樺細工的實地製作介紹，也有武家資料。我們來到有二百年歷史的藤木傳四郎樺細工商店，不僅看到將近二千件的樺細工作品，也被商店的倉庫(藏)建築吸引。

工匠在我們面前用雕刻刀在樺細工作品上雕出花紋。山櫻樹皮被稱為「樺」，加以細磨後，用黏膠重重疊疊

樺細工小盒可當茶杯、容器，圖形是山櫻花，材質是山櫻樹皮。

左圖：山櫻樹枝做成筆。
右圖：山櫻樹幹做成的小芥子人形。山櫻樹皮有天然的木紋，變成人偶的衣飾，別具風華。

地緊貼於木器上，外層再噴上透明漆，突顯了山櫻樹皮原有的紋理與色澤。

樺細工如其名，仰賴纖細的手工及精巧的設計。根據史書記載，在奈良正倉院裡早已有山櫻樹皮製成的筆、弓或刀鞘，專供皇室使用。

走在武家屋敷大道上，不免聯想到昔日武士為藩主種植櫻花、整理家園的情景。我以為，以樺細工的細緻來代表昔日武士的手路，最為貼切。

角館町傳承館。

古色古香的建築「古泉洞」，就建在武家屋敷資料館旁，因應地利之便，吃一餐「武家蕎麥麵」是懷古的一種方式。

副業② 夏蜜柑
帶來武士後代新事業

傳奇人物吉田松陰(Yoshida Shoin)曾在萩(Hagi，山口縣)開設私塾傳授兵學，培養出明治維新時代的英雄人物，萩因而有「明治維新的搖籃」美稱。

明治天皇在上任後第四年宣布廢藩。萩的毛利藩主無力供養武士，幸好有小幡高政出面指導，種植經濟效益大的夏蜜柑，武士終究能自食其力，覓得另一個春天。

免費提供自行車讓我使用的民宿老板說，看到地面上有黃橙色線條，就是官方推薦的觀光路線！有橙色條紋作嚮導，我暢遊了指月城堡、藍場川、吉田松陰舊宅，還有毛利家族辛苦規劃

石牆裡的夏蜜柑，拜當年武士副業之賜，如今結實累累。夏蜜柑的特色是成熟於四至六月，體積較一般蜜柑為大，開白色小花，以萩一帶所產最受歡迎。山口縣北側日本海內有青海島，則是夏蜜柑的原產地。

的萩城下町。

借問路旁老婦，夏蜜柑在哪裡？老婦人說，五月底至六月初是蜜柑盛產期，到時候以蜜柑花之香，夏蜜柑之甜，萩市會是另一番景象。

高階武士住宅有長達百公尺的圍牆

我的鐵馬旅程從西北角的萩城堡，漸漸往東南移。這樣的走法，正好可以由上而下、去體會以前城下町社會階層分明的生活環境。

渡過人工挖掘的護城河，許多長老級的高階武士豪宅是長排相連的「長屋」就在眼前。

萩燒陶器很耐看實用，顏色素雅。

城下町精華區「口羽家宅門」附近設有「鍵曲」(kagi-magari)，與秋田縣角館的「桝形」防衛功能相似，在道路轉彎處做成直角，用以抗外侵。站在豪宅外，我最感興奮的是從標緻的圍牆裡也嗅出春天的訊息。

萩城下町最美的標誌是長排石牆與夏蜜柑樹，現在合而爲一，爲數不少、扁圓形的澄黃小蜜柑正在圍牆上端悄悄現身。

萩城堡所在地指月山腳，一點也沒有受到戰火波及。

武士的副業

副業③ 飯田水引

用水引傳達心聲

手工製作水引，將和紙切割成長條，再以手指搓成細線，以米漿上漿使紙條變硬後染色。染色時，常見將紙條染成一端紅另一端白，或金銀各半，並在中央以膠水固定，作成多種造型。

紅白兩色的水引適用於一般賀卡或喜宴用賀儀。日人常使用白色信封加印紅色線條，或加上紅白兩色水引，比我們的紅包出色得多。

水引打結方法也可做文章，例如打成死結(稱為「結切」，musubikiri)表達只許一次、祈望不再有下一次的意涵，用於生病、婚禮或喪

金色的水引做成龜的形狀，象徵長壽。

白信封中央金銀相間的鶴形水引，十分精緻。

事。紅色代表吉祥，藍或黑色用於有不祥、意外事故、死亡等惡運發生時。裝奠儀的現金袋，有藍白或黑白兩色的水引可用，金銀雙色水引則用於祝壽或婚禮的賀儀。

水引以顏色及形狀透露出送禮人的祝福，真是無聲息卻有深意啊！

裝飾性水引有創意也討喜

長野縣居民到現在仍保有傳統婚禮時，雙方互送裝飾用水引的習俗。

水引的造型一旦擺脫了白信封，空間變大，顏色更如天馬行空，揮灑出各種花草動物，如松葉、松果、竹枝、梅花、櫻花，牡丹以及龜或丹頂鶴等。

飯田友人送來整盒的白信

裝飾用水引。造型較抽象，但看得出來是牡丹、梅花、櫻花、松葉、松果及壽字。

各種信封，也放有水引(金色細絲打結)。

華麗的鶴形水引有黑、白、金三色。紅色線集中在頭頂，黑色部分在尾部，是如假包換的丹頂鶴造型。

ℹ 交通旅遊資訊 ▶

角館(Kakunodate)

角館在東北地方北部。乘坐秋田新幹線火車，從仙台到角館，約需1小時30分鐘。

飯田(Iida)

由名古屋乘坐東海道本線火車，45分鐘後至豐橋轉搭飯田線，2小時25分鐘可達飯田。

萩(Hagi)

萩在本州西部。從關西機場乘坐關西空港線到新大阪約需50分鐘，轉山陽新幹線後約2小時30分鐘至小郡，再轉乘山口線到益田約1小時30分鐘，需再轉山陰本線到萩，或在其前一站東萩下車更近市區，約需1小時車程。

封及水引很值得珍藏，我尤其喜歡禮盒封面的田園畫，畫中一家人在田邊工作，哥哥與父親正在疏通水道並引水灌溉。

如同水道一般，人與人之間的感情也需要長期經營疏導。水引的命名，與細膩的設計，原來是同樣高明。

小物誌 水引的由來

水引的由來可追溯到唐代，當時由中國帶回日本，獻給天皇的獻上品十分講究包裝。為了祈求海運中的平安，這些禮品還特別使用紅色及白色的麻繩綑綁。

獻上品華麗的外在與內在，使日本貴族及武家子弟大為驚豔，紛紛沿襲使用紅白繩結為禮品包裝加分。以後傳及子孫，經過改良並發揚光大，一直受到肯定與愛用。

在江戶時代初期，飯田藩主堀親昌公特別獎勵民眾發展繩結手工業。飯田依山傍水，農民引水灌溉良田。農民經常疏通水道的行動，觸動了以「水引」來命名此類紅白繩結的靈感，因為，以美觀的繩結來包裝禮品，讓收禮者體會送禮人的心意，建立起良好的人際關係，正如同水道一般，需要經年累月的經營與疏通。到現在，水引還是有不少拘泥於傳統美德的愛用者。禮多人不怪，何況水引的確賞心悅目，璀璨多變，是旅遊飯田的重要紀念品。

上圖：以金絲或白線做成的水引，有鶴也有龜，含有祝壽之意。
下圖：紅白相間的水引，放在白信封上，簡單又高雅。

美好的人或事往往一閃而逝，藝伎現身的時間，似乎比怒放的櫻花還要短暫。盛裝的藝伎，展現名牌般專業的氣勢，讓人刮目相看；笑得燦爛的舞伎，像青春小鳥，讓人羨慕。雖然不想把她們當偶像狂捧，但只要藝伎或舞子出現，人們仍不免變成追星一族。

京都府
京都

京都 藝伎

①
②

南 北走向的花見小路通，北端有運河白川(Shirakawa)，河水來自琵琶湖疏水道，橫過這一帶的祇園地區(Gion)，轉折向南一小段後，繼續向西南方流過，注入鴨川(Kamokawa)。

白川與花見小路最接近而且平行的一段，我稱之為「花月白川」，因為可以看到垂枝櫻花及迷人的月色，吸引人前往河畔散步。白川運河上有十數座小橋，新橋(Shin bashi)及巽橋(Tatsumi bashi)是許多高級茶屋集中的地段，也是藝伎最常出沒的地點。先斗町(Pondojyo)是另一處較易見到藝伎或舞伎之處，位於鴨川西岸，介於四条通與三条通之間。其他，如清水寺附近的清水坂及二年坂等地，有時也可遇到藝伎或舞伎。

華燈初上，巽橋一帶町家古屋紛紛點亮了紅色燈籠。紅燈無關風月，此地不是紅燈區，但是有垂柳及櫻花樹點綴的白川河畔，春光極盡旖旎。運河那一端，茶屋裡會席酒宴正酣，藝伎、舞伎與賓客談笑自若。茶屋窗外，運河這一端有許多觀光客藉著燈光，也正津津有味地欣賞著舞台劇般風花雪月之筵席。

③

茶屋裡的會席料理正杯觥交錯，反映出風花雪月的京都花街風情。

竊竊私語的舞伎們。

邂逅藝伎

逛京都有名的繁華街花見小路通(Hanamikojidori)，我看到高級小料理店的布簾上印著「邂逅藝伎」四個大字。腦海裡才剛開始顯現對藝伎的回憶，眼前忽然出現了一位真人活體，我舉起相機想拍照，對方卻一溜煙似的，快步跑開了，讓人有夢醒落空的惆悵。

自認並非特別著迷藝伎(geisha)或舞伎(又稱舞子，maiko)，但是每次看到打扮搶眼的她們，總不免心跳加快，趕緊爭取好的攝影角度拍照。這時才能稍微體會粉絲們追逐偶像的亢奮情緒。

京都東山一帶，是我巧遇藝伎最頻繁的地點。鏡頭下的藝伎顯得高貴冷漠，粉臉上的厚粉遮掩不住歲月的痕跡，腰帶上的珠寶和一身的華服，則悄悄透露女主人的身分及地位。我覺得藝伎和舞伎一看即知，從年齡和舉止就可以分辨，藝伎頭上的髮飾沒有搶眼流蘇，衣飾較為素雅，後頸部領口露出的衣領是雪白色的；舞伎卻最能吸引大家的目光，因為他們頭戴春花，身上是大紅大綠，金銀耀目，像一株盛開的花樹。年輕舞伎喜歡呼朋引伴同行，偶而吱吱喳喳，交頭淺笑，表情多而輕鬆。

相當搞笑的一次，是我狼狽的追著兩位舞伎照相，事後其中一位還從手提袋裡拿出小相機，請求我替她們兩位拍合照。

友人告訴我，藝伎出道不易，受訓時間長，專職專業，人數越來越少。相對的，舞伎還在學習階段，活潑好動，打扮光鮮亮麗，近年來比較受到年輕人歡迎。

以前，《藝伎回憶錄》是悲劇，現在《舞伎哈哈哈》正流行。邂逅藝伎這檔事變為輕鬆愉快，我再也不必守株待兔，或做狗仔偷拍，不需碰運氣，也沒有挫折感。

交通旅遊資訊

花見小路(Hanamikoji)

可乘坐京都市巴士，在四條京阪站(近鴨川東岸)或祇園站(近八坂神社)下車，走在熱鬧的四條通上，向兩巴士站的中間點花見小路靠近。巽橋及白川在四條之北，著名茶屋「一力亭」及「十二段家」則在四條之南的花見小路通上。

小物誌 扮妝舞伎

京都市面上常見「夢工場」廣告，有人如想嘗試舞伎的妝扮，可以付費請人幫忙變臉化身為舞伎。最近我又看到「舞伎花の席」的廣告，以每十人大約四萬日圓的代價，可以包場，請舞伎來表演簡單的舞蹈及茶道，還可以合照、交談，約為四十五分鐘。

京都
日田

日本人的和服着物(きもの，kimono)，雖說傳自古老中國唐朝，到了現代，早已有獨特的穿法與設計。和服樣式固定，男用和服的袴(はかま，hakama)是套在和服上的褲裙，多數有細條紋，外掛通稱羽織(はおり，haori)，暗色居多。正式服裝上印有家紋，稱為紋付(もんつき，montsuki)。女性和服花樣繁複配件多，穿起來費周章，買起來昂貴，但有高貴優雅的感覺是不爭的事實。

和服

和　服布料稱反物(たんもの，tanmono)，單位為「反」(たん，tan)，約十一公尺左右長度，可歸納有織物與染物兩大類。織物以有色的線，依不同織法展現外觀上差異，最具特色的是紬(つむぎ，tsumugi)、唐織(からおり，karaori)、縮(ちぢみ，chijimi)、絣(かすり，kashuri)等。「縮緬」是較常見的一種和服布料。在織布時加工，利用經線與緯線的不同張力，織出表面有細緻波紋狀皺摺的絲或棉布，再加以化學處理定形。

一百多年前，井上傳發明「久留米絣」(kurumegasuri)。大師發現木棉製斑駁磨損的衣服上會呈現不少隱約的小圖案，別具風味。此種布料多數用藍染棉線織成深藍底泛白色的圖樣，有三千種不同織法，耐磨、耐洗、耐看而受人歡迎，較常見的是井桁(いげた，igeta)，出現井或十字圖案，有別於繪絣(えがすり，egasuri)以圖案為主。

染物以染料將布染成各種顏色與花樣，高級的染物莫過於使用描繪(かきえ，kakie)方法的友禪染(ゆうぜんぞめ，yuzenzome)，其他如蠟染、絞染(しぼりぞめ，shiborisome)更是千變萬化。型染め(かたそめ，katasome)則與印花布的製法類似，例如小紋(こもん，komon)。

穿著和服的男女，對足下所穿鞋類也講究搭配，所用材質與身上的和服布料常常是一致的。

1. 和服染的布料製成的裝飾物，造型取自鮎魚，是岐阜縣郡上八幡名物。

2. 冬季外出訪問服。圖中兩位穿和服的婦女，在新年時參訪北野天滿宮，特別選有梅花圖紋的和服。

3. 穿著和服賞櫻的日本女子，和服以花為題材，加上簡單的腰帶結法。

4. 和服布料製作方法可大分為染物及織物，圖中友禪是染物，腰帶屬織物。

5. 高雅的手提袋及草履，搭配高貴的絲質友禪正好。

6. 人偶身上的棉製浴衣，最具庶民色彩，顏色鮮麗。

和服

和服怎能配木屐？

在京都平安神宮裡觀賞櫻花時，剛好遇到在栖鳳樓附近拍照的新人。新娘身穿白色禮服，在絲質長衣之外還披上「打ち掛け」(うちかけ，uchikake)。

黑色代表隆重，在婚禮時，新郎、新娘以及主婚父母的和服，採用黑白調為主，女賓穿柔和色調的絲質友禪出現較多。新娘婚禮披露宴用禮服現在流行紅色加上金色的圖案，無比豪華絢麗。平常人穿實用性和服，多半會到大型市場或購物中心內去購買。

女子和服的袂(たもと，tamoto，即袋狀袖子)是有所講究的。新娘或未婚小姐禮服的袖袋是長至小腿的振袖(ふりそで，furisode)，已婚婦女的袖口短在腰際，稱為留袖(とめそで，tomesode)。

留袖指較短的袖袋，適合已婚婦女穿著。

在平安神宮的庭園裡，巧遇舉行傳統日式婚禮的家族。喜氣洋溢的氣氛與周圍怒放的紅枝垂櫻花相呼應，背景是栖鳳樓。

腰帶有畫龍點睛之妙

「帶」(おび，obi)，指圍在小腰上的寬布帶，是很重要的和服配飾，七五三(shichigosan)節慶中，只有三歲女娃穿和服可以省略腰帶。男士的腰帶則有軟式與硬式兩種，扁而硬者是為角帶(かくおび，kakuobi)，柔軟的腰帶是兵兒帶(へこおび，hekoobi)。

穿上友禪，婦女的腰帶會選擇最高級的博多織、鍋島織或西陣織。博多織是十三世紀時滿田彌三右衛門所開創。頂級腰帶則常用西陣織(nishijinori)，京都西陣一帶原為軍營，西元八世紀時，皇室御用織工在此地為權貴織衣。工人將得自中國宋朝的技法發揚光大。如金襴(きんらん，kinran)，係以金線織成，像刺繡一般細膩華麗。

使用袋帶(ふくろおび，fukuroobi)，即有襯裡的腰

藝伎的和服花色鮮艷，腰帶醒目，袖袋也長。

小物誌 友禪染

染物中極品「友禪」，特別注重染色的功力，以京友禪與金澤(石川縣)的加賀友禪為代表。「友禪染」名稱來自發明人宮崎友禪齋(Miyazaki Yuzensai)。

我曾在京都北郊嵯峨野看到友禪染的實地操作。師傅用露草汁畫好輪廓，再用毛筆上色。為防渲染，須先以米漿塗抹在已上色部分當保護膜，乾後再塗上其他色彩及背景。

友禪染以手工描繪上色。

以前在京都的嵐山桂川河畔常見有人在漂洗友禪，將多餘的染料及米漿去除，可惜現在已經絕跡，只能參觀古代友禪苑或京都友禪文化會館來瞭解。

帶，才是高水準。在腰帶上方使用的帶揚げ(おびあげ，obiage)，是塞在和服與腰帶之間的布料，常用「縮緬」(ちりめん，chirimen)取其輕柔不皺又有彈性，有時會露出部分於腰帶之上。

和服腰帶十分醒目，一般會用細長的「帶締め」(おびじめ，obijime)來固定腰帶的位置。貴婦人加上帶留め(おびどめ，obidome)，可將珍愛的珠寶繫在腰帶之上。

帶締的打結方法視場合而不同，也是該講究的。有婚事時，帶締的尾端是兩側都向上，塞在腰帶表面的；將細長的帶締一端向上，另一端向下打結，適合一般場合；參加喪禮時，必要將細帶的兩側尾端，都朝下垂。

為了加強背部的可看性，藝伎或舞伎喜好選用耀眼的腰帶，並在背後延伸，幾乎垂到小腿部位，不像一般婦女的腰帶在背部打結，如打

十二單衣指穿在身上有十二層衣，最外層布料即西陣織。

成千鳥結、御太鼓結等。

最豪華的和服是平安時代流行的「十二單」(じゅうにひとえ，junihitoe)，皇家婦女身上穿著十二層長衣，頭上

頂著假髮頭套，手上拿著摺扇是固定形象。天皇家族的婚禮仍以十二單為本，神社也會提供類似的禮服，供新人拍照或宴客之用。

和服

穿浴衣參加廟會活動

以容易吸汗的木棉,用型染方式做成的各式浴衣(ゆかた,yukata),最具庶民色彩。江戶時代以來,民間參與廟會、觀賞花火(即煙火)或夜櫻、遊湖等的機會越來越普遍,把家常服浴衣穿出門很尋常。

男女的浴衣差異不大,但女士穿浴衣可以用腰帶來突顯輕快歡樂的氣氛。類似布料作成的手帕(稱為手拭い,てぬぐい,tenugui),不只用來擦汗擦臉,也可用來配色。

夏季時,「浴衣」可供賞煙火或觀賞「鵜飼」等戶外慶典時用,多數使用麻或棉為材質。

雪駄。鞋底有皮革,以金屬片加釘,是常見的鞋。

足前有布套保護的足駄,造型討喜。

木屐、草履與和服的搭配

和服首重整體合諧之美,穿絲質友禪總不至於搭配草鞋吧!正式的和服還需搭配足袋(たび,tabi)、草履(ぞうり,zori)、甚至是同色系材質的手提袋。足袋是棉製襪套,以白色最常見。草履的鞋底是布製或皮革製成,一般中低跟,是高級和服專用女鞋。

傳統日本鞋除了草履,還有以桐木為材料的木屐,稱為下駄(げた,geta)。草履與下駄形狀相似,都有人字帶,穿時拇指與其他腳趾是分開的。

雪駄(せつた,setta)鞋底貼有皮革,並以金屬片釘住,適合走路。男用下駄多為高齒木屐,用整塊木頭刻成,底部挖空以減輕重量。下雨天或大雪時怕沾到水,派上用場的足駄(あしだ,ashida),足前部位有布套保護。高下駄(たかげた,takageta)也可以加上防水布套。

浴衣使用場合以戶外居多,可以不穿足袋,赤足穿上木屐。木屐上的布料與花色也亮麗清爽,得到良好的視覺效果。

藝伎或舞子的木屐最令人難忘了,她們的服裝搶眼,足下所穿十數公分左右的高木屐,稱為木屐(ぼっくり,pokkuri),也高得讓人瞠目結舌。木屐形狀特殊,前底部為圓弧狀,木材上還塗有亮麗的漆。

七五三祭典時，男女孩童身穿整套正式和服。

ⓘ 交通旅遊資訊 ➤

京都(Kyoto)
古代友禪苑
✉ 京都下京區高進通上堀川通西側
☎ 075-823-0500
➡ 可乘坐公車或京福、阪急電車
京都友禪文化會館
✉ 京都市右京區極田町6號
☎ 075-311-0025
➡ 位於阪急京都線西京極站附近，向東步行5分鐘
日田(Hita)
在九州大分縣。從福岡博多車站坐火車久大本線，約1小時20分鐘可達日田。

小物誌 日田木屐

　　打扮花枝招展的日本女性，迎著和煦的陽光，走在日田的街頭，穿著輕便又多彩的夏季單薄和服(即浴衣，yukata)，腳上踩著木屐，「咯咯」地在狹窄石板路上蹓躂，是位於九州北中部的溫泉城市日田(Hita)，最吸引外來客的地方風物詩。木屐和浴衣的確速配，日田正是日本最主要的木屐產地。

日田木屐人人愛，最能搭配和服浴衣。

　　這一帶森林茂密，盛產的木材成為製造木屐的最佳材質。木屐上布製的人字形細帶則採用手工編織的「絣」，多數是「久留米絣」(kurume-gasuri)，是久留米(福岡縣)名產。吸汗、耐洗、堅固又美觀實用，圖樣以幾何圖形或自然風物為主。

　　豆田町(Mametamachi)街上，出售木屐的老店不止一家，服裝店門口，招牌西服上別著的大別針是木屐造型，各式各樣以木屐為題材的民藝品也很容易買到手，連小巷口地面上行人止步的訊號(stop sign)，也用一雙很大的木屐來做造型，左也木屐右也木屐，木屐在日田真正是無所不在啊！

美國選出首位黑人總統歐巴馬，日本福井縣小濱市以及長崎縣小濱町全民歡呼，與有榮焉。小濱的發音是「O-BA-MA」，正是歐巴馬！日文裡同音字不勝枚舉，將抽象的語言以具像的小物來表達吉祥與祝福，題材取用不盡，不僅禮多人不怪，還因為暗藏幽默，帶來喜感，頗受歡迎。過年或節慶時說吉祥話最是應景，此時還可無聲勝有聲，在大門上掛上大大的柳橙，宣告一家昌隆，因為，俗語的橙是「代代」(daidai)，好運可以一代一代傳承下去。

長濱
奈良
佐賀

同音字
話吉祥

在 寺廟或日本庭園裡，我注意到水池裡的水十分清澈，也看到遊客投入水中的硬幣，很多是有個圓孔的黃褐色日幣五圓。銀色壹圓的日圓鎳幣也有，好奇的算一 算，銀色壹圓鎳幣有五枚，剛好也是五圓。

寺院的獻金箱裡信徒丟入的銅板不少，常見箱上寫著「賽錢」二字，又是密封木箱，想看信徒投入多少金錢也無可奈何，卻沒見到有人放入大張的紙鈔。我心想，壹圓或五圓日圓是最低額的硬幣，神明會不會嫌少呢？

「五」是吉祥的數目。我看到吉祥物「猴寶寶」，一般都是五隻懸掛在一起。「五猿」的發音，在日語中與「御緣」、「五圓」是相同的，都是「go-en」。原來用五隻猿猴或五圓硬幣，都可以與神結緣。

喜歡咬文嚼字，日本人也講究用發音類似的詞句來表達祝福或客氣的祝辭。例如過年時吃「黑豆」祝福一家人勤奮努力，只因為「豆」的發音是「ma-me」，與勤勞「ma-ji-me」類似。年節吃「鯛」料理，鯛發音「tai」，有「恭喜」(me-de-tai)之意。

日本人不過年時也另有花招，譬如買隻青蛙造型的紀念品送給來訪的客人帶走，青蛙上寫著「無事蛙」，祝人平安回家。無事蛙讀作「buji-kaeru」是平安無事而歸，可別誤會青蛙是「閒閒美代子」，沒事幹哦！

❶

1. 無事蛙祝人平安歸去,因為讀音完全相同。

2. 已看不出來每串有五個布猴了。許多布猴身上寫著祝福文字。

3. 出現於寺廟之內水池畔的石青蛙,有祝福人平安回家之意。

4. 猴寶寶不一定是紅色布偶,有不同顏色。

5. 「六瓢」與「無病」讀音相同,用葫蘆來招吉避兇可以得到六種幸福。

同音字

話吉祥

飛驒猴寶寶是熱門吉祥物伴手禮。

討個吉利好口采

九州佐賀市(Saga)居民以市內擁有數十個惠比須神像(Ebisu)自豪。惠比須是日本七福神中的漁神，也是佐賀漁夫最愛祭拜的神。佐賀市內的松原惠比須神社，最近有新惠比須神像剛落成，神像高大神氣，一旁還立有許願用的玉球與太鼓。

此刻正有祖孫二人趨前參拜。小孫女乖巧地陪伴阿嬤，雙雙站在惠比須神像之前行禮。阿嬤拿出一枚銅幣交給小孫女說：「去，把這個五圓丟到獻金箱裡。」小孫女照辦了，問道：「為什麼是五圓呢？」阿嬤說：「五圓就是御緣，要與惠比須神結緣啊！」

我想起，有位日本學生回國前，送給在台灣的同學每位一枚日幣五圓銅板，也是有與大家結緣的美意。

阿嬤與小孫女祭拜惠比須神之後，投入五圓硬幣，與神結善緣並祈福。

石亭上也有信徒留下的五枚壹圓鎳幣或五日圓硬幣。

「五猿」日語讀音也是御緣

奈良老街坊「奈良町」(Naramachi)內，我見到的布製猿猴，或稱猴寶寶(さるぼぼ，sarubobo)，都是五個一串，用長繩掛在大門旁，稱為「五猿」。五猿造型像小頑童般，手與腳向上被綁在一起，頭部沒有畫上五官，大隻的猴放在上端。

在京都東山區，清水寺北方的八坂塔附近有座小廟宇「庚申堂」。我發覺有更多的布製猴寶寶掛在廟內各角落裡，猴寶寶身上，還有信徒用墨筆寫上的祈福文字。

在高山市國分寺庚申堂，又見五猿懸掛在堂前受人膜拜。京都、奈良也有類似庚申堂及五猿。

哈哈，猴寶寶臉上也畫有五官了。

五猿代表什麼意義呢？布猴子是一種「替代猴」(身代り猴，migawari zaru)，與道教的「庚申爺」青面金剛及庚申信仰有關。據說庚申爺掌握人類命運，猴子則是庚申爺的部屬。替代猴代替人類扛下災難，使人類免除災難，庚申猴即為一例。

以五猿代表五種向天帝祈求的福分：即家運昌隆、出世果達、招來財富、夫婦和合、以及無病長壽。懸掛五猿，因與「御緣」相同讀音，可以與神結緣，去除惡運，招來五福。

猴寶寶與我也有緣。在高山市(Takayama，岐阜縣)旅遊時，我又見到不同顏色的

五猿讀音為「御緣」，可祈求五種福分。

猴子布娃娃。高山市老寺廟國分寺內也設有庚申堂，民家也掛五猴祈福。

猴寶寶是高山市最夯的吉祥物，人們已經忘記庚申猴的典故，只知道講究吉祥物的可愛。超大型猴寶寶讓人兩手抱不動，我甚至還看到畫著五官的猴寶寶哩！

庚申猴。

小物誌 忌諱與同音字

中國人送禮忌諱送鐘，因為鐘與「終」同音。日本人稱鐘為時計(tokei)，發音完全不同，不致被受禮者誤解。友人曾經送給我名貴的「時計」，有高級輪島漆器為框，很受讚許。

「扇」因為中文讀音與「散」雷同，也被國人排除在禮品名單之外。但扇子日文讀音為「sen-su」，又名「末廣」(suehiro)，指其向外擴張的形狀，送扇子，可以表達祝人飛黃騰達的誠意。

貓頭鷹日文為「梟」(ふくろう，fukuro)，與「福祿」(ふくろく，fukuroku)發音極為相近，是最受人歡迎的禮品。

貓頭鷹造型的日本小物，以剩餘和服布料作成。

布猴可為人類祈福，源自庚申信仰的典故。

同音字
話吉祥

豐臣秀吉與金葫蘆。

葫蘆裡賣什麼藥？

日語「無病」(むびょう)發音為「mu-byo」，「六瓢」發音也是「mu-byo」，與無病是同音字。自古以來民間以「六個瓢箪」作為去病招福吉祥物，因而將六瓢與無病連結在一起。

「瓢箪」即葫蘆，乾燥後可以當容器裝酒裝水。形狀瘦長的「千生瓢箪」(せんなりびょうたん，sennari byotan)特別受到重視。

看到葫蘆，尤其是千生瓢箪，日本人會聯想到豐臣秀吉(Toyotomi Hideyoshi，1536～1598年)。秀吉酷愛黃金，他的「馬印」(umaji-

rushi)是一只倒立的金色葫蘆。在滋賀縣長濱(Nagaha-ma)，常見葫蘆圖形，我還看到金葫蘆馬印本尊。

琵琶湖北岸長濱舊名今濱，是豐臣秀吉受封的領地。據說因感念織田信長，秀吉把今濱改名長濱。來到長濱不逛老街可惜，也免不了會聽到有關豐臣秀吉的軼事。老街一帶是古時候的北國街道，為貫通南北通往京都之路。

北國街道建築物，悄悄述說著各朝代的歷史。在黑壁スグエル(黑壁square)區裡，

長濱市內地面上常見各種葫蘆圖案。

古色蒼然的黑色建築有二十多棟被編上號碼，由一號館到二十五號館。

黑壁十二號館是玻璃製品店，二樓屋頂下的招牌燈上寫著「太閣びょうたん」(太閣瓢箪，Taikobyotan)，燈旁掛有葫蘆。太閣(たいこう，Taiko)是天皇賞賜給豐臣秀吉的官銜，也是豐臣秀吉獨有的代稱。

黑壁十二號館的瓢箪只見

黑壁十二號館是一半和式一半西洋式建築(1900年)，曾是明治時代有名的「黑壁銀行」，因為石灰牆面呈黑色而名。此類黑壁建築共有二十五座，均加以編號。1930年代，黑壁十二號館才改為玻璃藝品店。

「太閤瓢箪」長濱人以豐臣秀吉為榮，葫蘆最能代表太閤豐臣秀吉。

四個，但旅客可以參加「六瓢箪めぐり」(巡遊六瓢箪)的套裝行程。目的地依序為：豐田神社、知善院、長濱八幡宮、舍那院、神照寺以及總持寺，都是長濱市內與豐臣秀吉有關的神社。乘坐計程車繞一圈加參拜，約需一萬日圓，需時兩小時半。旅客在每一個神社購買葫蘆(每只約四百日圓)，就可擁有受到寺院加持的「六瓢箪」。

相傳「瓢箪」能聚集陰德去除病痛，助人修得六大吉運：即家內圓滿、家運隆盛、商業繁昌、招來財運、成就良緣及官運榮達。

六個葫蘆裡賣什麼藥？賣的其實是長濱居民對當年城主豐臣秀吉的懷念與感恩。

無事蛙保平安

蛙(kaeru)與歸去(kaeru)不同字但同音。

若青蛙造型的玩具上寫著「無事」或「無事蛙」，隱含「平安回家」的美意，只因為「無事蛙」讀音與「無事回家」(bu-ji-ka-e-ru)完全一樣。

寺院庭園裡出現「無事蛙」的機率很高，庭園內的水池中的石塊上放隻石雕青蛙，又應景又有祝福。

石蛙前方設有木盒一個，遊人投擲到木盒裡的日幣中，果然不是五日圓的銅色硬幣，就是五枚銀色壹圓鎳幣。

店家在門口放置青蛙造形雕像，意指請平安歸去。

寺廟庭園內水池裡有無事蛙，是石刻青蛙，祝人背負著成就並且平安歸去。信徒將鎳幣五日圓投向青蛙前木盒，以求與神結緣。

交通旅遊資訊

奈良(Nara)
由JR京都火車站搭乘近鐵京都線火車去奈良，特快車需時33分鐘，普通車1小時10分鐘。關西機場有巴士直達奈良，車程1小時30分鐘。或自關西機場搭乘JR關空快速電車，38分鐘到JR天王寺站，再轉乘近鐵大和路線40分鐘後，即達奈良市。

奈良町
✉ 奈良市西新屋町
📞 0472-34-4739
➡ 近鐵奈良車站走路15分

奈良市資料館
✉ 奈良市西新屋町14
📞 0742-22-5509

長濱(Nagahama)
在JR京都火車站搭乘東海道本線新快速電車，1小時2分鐘可達長濱。或由JR米原站乘坐北陸本線電車，10分鐘到長濱。或由米原搭乘近江鐵道巴士，24分鐘後在終點長濱下車。

佐賀(Saga)
福岡火車站(即博多)出發，搭乘長崎本線特快車，35分鐘到達佐賀。

北海道
小樽
仙台
宮城縣
東京都
東京

小樽
仙台
東京

有趣的祭典

嘈雜之中，祭典的各角落盡是淚水與歡樂交織的畫面。人們從神社裡抬出神輿，費心費力的沿街遊行，相信神明的聖靈會在此時下凡入座，保祐大家。裝扮成神或鬼，人們以各種表演來滿足神明或驅邪，心中懷念的是已逝去的親友，或遠離的愛人。地方辦活動與祭典也可劃上等號，講究紀律與團隊精神，鼓勵全民參與。祭典既能運動身體，又可敦親睦鄰，甚至活絡地方經濟，宣傳地方特色。

❶

❷

日本人是愛好祭典的民族，一年中舉辦無數大小祭典，與傳統儀式已漸漸脫勾。

節分撒豆祭由來已久，各地神社都有慶祝活動，但以新勝寺(Shinshoji，千葉縣成田市)、淺草寺(東京都台東區)以及壬生寺(Mibudera，京都市)的節分行事最為有名。

仙台青葉祭算是「季節祭」，由慶祝春天農作的風調雨順延伸而來。小樽雪燈祭可以歸為市民祭典，是較現代的新興祭典，與宗教儀式無關連。

小樽雪燈祭的會場分散，但都在徒步範圍之內。運河畔為主要會場；沿小樽運河，約設有四百個浮燈於運河水之上，運河岸則有約三百個雪燈。由來自小樽及台灣、韓國、澳洲等外國而來的義工幫忙，每日更換雪燈及製作新雪座。在舊國鐵手宮線會場有20公尺的雪隧道，以雪燈列隊連綴，氣氛優雅浪漫。其他地點如都通商店街、壽司屋通り及附近的小廣場等，均可見雪燈展示。

1.「日專連」公司員工的熱舞。
2.淺草觀音寺入口，雷門紅燈籠高掛。
3.仙台青葉祭的花車。

③

有趣祭典

不期而遇的有趣祭典

旅途中在當地遇上祭典，湊熱鬧之餘，發現日本人的高度敬業精神。平日略嫌拘謹的日本男女，穿上五顏六色的表演服裝載歌載舞，完全融入節慶的氣氛，還能遵守團隊秩序，令人刮目相看。

淺草節分會邀請年男擔任撒豆任務。年男穿古裝，舉著白燈籠前進淺草寺。

祭典① 節分撒豆祭，招福驅厄

日本各地的神社，在每年立春的前一天，也就是二月三日或四日節分(setsubun)時，舉辦撒豆子(mamemaki)活動，是農業社會時傳統節慶，慶祝嚴冬將盡，春臨大地的民間習俗。

販賣「福豆」的糕餅店，每年推出各種最新造型包裝的大豆，連我所住的小旅館，也在當天早餐桌上將一小包大豆當禮物，給大家恭喜。在節分當天手拿大把淡黃色豆子往自家門外丟出，口中念念有詞：「厄運出去！福進來！」就是撒豆招福法。

年男撒豆

想要臨場感受節分撒豆的氣氛，東京淺草區的淺草寺(Sensoji)是首選。日本人信

奉神道，在節慶日子裡拜謁神社，據說可以獲得神明的特別保佑，難怪規模大歷史老的淺草寺，當日就舉辦了三場「節分會」慶典。

中午過後，人群在淺草「仲間世」通商店街的終點寶藏門集中。不久，多位儀表堂堂，身上穿著古代官服，手持白色長燈籠的男士、樂師及宗教人士，形成遊行隊伍，聲勢浩大的向淺

淺草寺二樓迴廊是撒豆舞台，由年男撒豆，台下觀眾大力捧場，場面沸騰。

草寺行進，最後魚貫登上二樓迴廊。

香煙裊裊、安靜肅穆的殿堂，當下可見搶眼的白底黑字、長圓柱形紙燈籠，沿著走廊上扶手一字排開。

燈籠的主人各就各位，手中拿著木製方盒，正是撒豆子的容器。紙燈籠上寫著「年男某某某某」，表示主人今年正值本命年齡。節目主持人以簡短幾句開場白致辭，十多位男士則迅速地向欄杆靠近。約一公分大小的淺黃色豆子，隨後像冰雹一般傾盆而下，周遭也立刻興起一陣騷動。

阿呀！我這麼害怕豆子打上身會痛，本

小物誌 鬼打豆vs.年男

節分「追儺」(oniyarai)原本是中國人舊曆年除夕時驅除流行病魔的儀式，日本人傳承下來，又因為使用太陽曆，就訂在立春前一天舉行。

淺草寺附近賣場出售「鬼打豆」，並附送紙製鬼面。

民眾如果覺得搶到的豆子不夠用，還可以在淺草寺附近小店裡補貨。淺草寺大豆名稱「鬼打豆」，還附送紙製鬼面，是來自古代戴著鬼面撒豆的習俗。延續此習俗，民眾在家中撒豆時，一般情況是年幼孩童會帶上鬼面具，依樣畫葫蘆行禮如儀。在嬉樂的笑聲中，祈求神明保佑並驅走不祥與不幸。

日本神社舉行祭拜年神典禮時，主持人會特別邀請年男(或作歲男，toshiotoko)作代表，為神社大殿懸掛新年的掛飾，每年的節分撒豆大典，年男更是非請不可的撒豆代表。所謂年男，即當時正值本命年的男子，與生肖有關。如果正好六十歲，又是地方上的名士，就更當仁不讓了。

隨著時代的進步，年女也是節分撒豆貴賓的邀請對象。

能的閃避，別人可是搶著要天上飛來的福氣噢！此時站在廣場上的群眾，有的展開雙手，有的打開手提袋向上去迎接豆子，有的脫下帽子高高舉起，還有人把敞開的雨傘倒著抬起來當容器，都在想盡辦法要多接到幾粒豆子。我看得目瞪口呆，差點連相機也忘了拿起來對焦。

我的口袋在豆雨之中幸運塞進幾粒，掏出來看，是炒過可熟食的大豆，往嘴裡送，也覺得相當可口。

一旁的日本歐巴桑看到我斬獲太少，大發惻隱之心，把辛苦搶到的豆子分送給我。我一面道謝，一面乘機打探搶豆子的涵義，才知道民眾拿著神社加持過的豆子，夕陽時分回到自家再向外撒，可以祈福驅魔。

七福神聚福

淺草寺在節分之日還安排「福聚之舞」以及八十多位藝能界名流撒豆節目。

「福聚之舞」不撒豆子，只有跳舞場面，是慶祝寶藏門落成(1964年)而年年舉行的活動。福聚之舞演出七福神故事來推崇觀音的福德，在舞台上現身的是頭戴巨大面具、由真人裝扮而成的七種神祇。

一年一度節分慶典到此圓滿結束。儀式中經過年男撒豆驅除厄運，再由七福神將幸福聚集，眾人今年的運勢又會是如何呢？可能只有天知道了。

七福神「福聚之舞」。布袋尊肚大能容是知足神，背著一個大布袋；漁神惠比須帶著一尾鯛魚；提著一只琵琶樂器的是智慧女神弁財天；戰神毘沙門天帶著武器，張臂揮舞；大黑天為食神；另有福祿壽即壽老人，以及吉祥天共七位。

祭典② 小樽雪燈祭

比起札幌年年舉辦雪祭的大規模大手筆，小樽(Otaru)的雪燈祭(雪あかりの路，yuki akari no michi)眞是小巫見大巫。

2007年二月九日～十八日在小樽舉行的雪燈祭是第九屆，那一年是暖冬，行前我聽說各地雪量不足，有些擔心。往小樽運河方向走，看到沿街有不少工作人員在爲雪燈祭做準備。

民眾看到工作人員在運河旁堆放雪球及雪座，紛紛當起義工幫忙。也有人乾脆發揮自己的創意，在道路旁另外堆起各種造型的雪人、雪牆、雪城堡等。等到大家都做好了「雪」，就等著點燃「燈」了。

工作人員又搬來一大包蠟燭，花費好大的心血，把每個雪座之內都塞入一隻已點燃的燭火，成爲名符其實的雪燈。

雪燈原本是採用制式的塑膠桶作模型填雪做成。加上雪球後，變成大小高度不一

在小樽，遇到愛。

的各型雪堆，放入燭火，也像不成型的雪人獲得了亮眼的心臟。

群眾即興或精心製作的雪燈也常有感人之作。那一夜，我靜靜地在小樽運河附近的各處雪燈展示場地穿梭，盡情徜徉在獨特的雪燭火氣圍中。

周遭隨著夜色、煤氣燈、運河水，加上小雪燈，變得浪漫無比。我想起小樽雪燈祭的主題是「愛」，眞覺愛上了這神奇的雪光之夜。

雪人造型雪燈另一章。

雪燈祭作品，簡單自然，卻又有創意。

小樽雪燈祭時的運河畔，既熱鬧又浪漫。

祭典③ 仙台青葉祭

平常難得跳舞，現在有機會露一下身手了！

　仙台地方最大的祭典是夏日七夕祭，我在五月中旬由台北直飛仙台，憧憬的則是東北地方的新綠。

　沒想到在街頭看到花車的海報，得知仙台青葉祭將在仙台市中心舉行，五月十四日與十五日正逢週六、日，躬逢其盛而到場捧場。

　看了節目表，才知道青葉祭以山鉾(即山車)的遊行，以及麻雀舞(すずめ踊り，suzume-odori)的表演為主。

　仙台的定禪寺通大道，在平日是寬廣又充滿綠意的大街，祭典期間，部分實施交通管制，公車繞道、行人止步。看遊行的人必須在路旁，站在警衛人員所設置的路障後方觀賞。

　所幸來回的交通很順暢，現場的秩序也非常良好，我可以毫無阻擋的看清楚祭典的豪華山車，以及接踵而來由當地市民團體提供的跳舞表演。

　青葉祭的規模屬於小型，

以扇子為道具，舞姿曼妙。

看來是著重全民參與、市民同歡的傳統祭典，我有幸開了眼界。

擊鼓為遊行助興。

由餐飲業者提供的山車，又有魚網，又有鯛魚，充滿喜氣。

交通旅遊資訊

仙台(Sendai)
由東京JR火車站乘坐東北新幹線去仙台，約需2小時至3小時。

小樽(Otaru)
由札幌乘坐JR函館本線往西，約40～50分鐘可達小樽，由新千歲空港車站出發有快速火車，到小樽約需1小時20分鐘。

津輕
三味線

三味線(しゃみせん，shamisen)源自中國或沖繩，十六世紀後流行於京都與大阪，再傳至全國。杵屋喜三郎(Kinuya Kisaburo)，取文樂淨琉璃及謠曲的伴奏曲調，將三味線歌曲的曲風統一，又稱江戶長唄(nagauta)。來到弘前，津輕三味線的故里，豪邁壯烈的三味線合奏展現出不一樣的氣魄，才知道，本來適合於娛樂場或歌舞伎劇場的三味線，已走出大格局。

日本人的雜技演藝場稱為「寄席」(よせ，yose)，是表演落語(らくご，rakugo)、講談(こうだん，kodan)、浪曲(ろうきょく，rokyoku)及漫才(まんざい，manzai)等的場地。因現今在電視上很容易欣賞得到這些表演，寄席場所已較少見，常設的只侷限於東京等大城市。

浪曲與漫才的表演時，會彈奏三味線的男士或女士可當起主角，在第一線上大方獻藝。

漫才是日本式對口相聲，由兩人配對主演，不限男女，一人講唱，另一位在旁彈奏三味線，內容逗趣。浪曲又稱浪花節(なにわぶし，naniwabushi)，創始人為江戶中期的浪花伊助。單人演出浪曲時，彈奏三味線的人，邊說話、吟唱、邊彈奏三味線，內容廣泛充滿庶民情趣，是大家比較熟悉的三味線表演。

左頁圖說：

1. 蘋果的故鄉弘前，民藝品造型也有取材自蘋果的。
2. 弘前市內明治時代的洋館建築多。
3. 人數多，合奏曲鏗鏘有力，是津輕三味線的特色。
4. 弘前睡魔祭時使用的大燈籠，上有「武者繪」，也曾是武士副業。

此紙製張子十分傳神，表達津輕三味線演奏者的丰采。

弘前的津輕三味線

曾經多次到弘前(Hirosaki，青森縣)旅遊，一直懷念著弘前的櫻花、蘋果，還有獨特的民風。

弘前及北端的津輕半島(Tsugaru hando)，常出現於文學作品及庶民音樂之中。街坊婦人知道我來自台灣，推薦我找演奏三味線(shamisen)的餐廳用餐，以便體會正宗「津輕三味線」(Tsugaru jamisen)。離JR弘前車站不遠的「山唄」(Yamauta)料理店有現場演奏，正合期望。

山唄餐廳氣氛像pub，小舞台下餐桌旁坐滿慕名而來的客人。店主是教導三味線彈奏的老師，子弟兵有男有女，約十數人，平日研習三味線音樂的學生幫忙經營店裡餐飲，也充當侍者跑堂收帳。山唄提供的食物多數是小吃，例如烤茄子、豆腐等鄉土料理。

津輕三味線演奏開鑼

我看小舞台上人人手中一只樂器，合奏起來聲勢驚人。三味線曲調稱為節(ふし，fushi)，只有抑揚頓挫的音樂旋律，沒有歌詞。

老師級的三味線演奏鏗鏘有力，陽剛味十足。日本的鄉土樂風中所謂的「北方樣式」有激烈的節奏，動感及爆發力強，是許多歌謠與演歌的源頭。

三味線在日本的戲劇表演

到弘前不吃蘋果是傻瓜，物美價廉包滿意。

交通旅遊資訊

弘前(Hirosaki)

可乘坐東北新幹線至青森市，再轉搭奧羽本線，到弘前約需15～20分鐘，或乘坐弘南鐵道弘南線到弘前。

山唄

✉ 弘前市大町1-2-7
☎ 0172-36-1835
🕐 17:00-23:00
ℹ 有三味線現場演奏的餐飲店，每日3場，19:00開演

中是不可缺少的樂器。歌舞伎表演時，說唱人和彈奏三味線者的表演場地，是舞台側方的「出語り台」(でがたりだい，degataridai)，可知三味線以伴奏為主。文樂(ぶんらく，bunraku，又稱人形淨琉璃)的三位表演者，包括舞台上操作人偶的師傅、代替人偶出聲說話的人，以及彈奏三味線者，三者都穿黑衣，讓人只聞其聲不見其影。

小物誌 三味線的外觀

三味線樂器和中國的三弦琴外觀不同；日本的三味線有三弦，附於竿(さお，sao，即琴頸)之上，調弦棒稱為糸卷き(いとまき，itomaki)。彈奏時，以撥(ばち，bachi)來挑動琴弦，撥呈薄板狀，是用動物的甲殼製成。據稱津輕地方的三味線琴體較粗壯，弦也較粗，包住三味線琴體前方及後背所用的貓皮或狗皮，是白色的。

初春訪日本，各地百貨公司和大型旅館常以雛人形做主題展示，以呼應民間慶祝女兒節活動，每年三月三日是女孩的節日，也是雛人形祭。行旅九州，偶然發現雛人形祭背後的故事。有百年以上歷史的「箱雛」，平民化的「起上げ人形」、「押繪雛」等，不再只是沉默茫然的迷你小人偶，還有簡單的演化歷史……。

竹田
筑後吉井
柳川

雛人形

年一度的春天節慶「桃之節句」(momo no seku)，總在桃花盛開時展開，是十分女性化的節日，也就是大家熟知的雛人形祭(hina-ningyo-matsuri，簡稱hinamatsuri，雛祭)，又稱女兒節。

雛人形是迷你縮小版人偶，穿著正統絲織服裝代表職位與身份。皇帝、皇后、宮女、侍衛加上樂師，被安放在鋪有紅布的木架上展示，木架有一至七段階層不等，皇帝與皇后一定放在最上一段，身形也最大；其次是宮女，侍衛或家老及樂師；皇室人員所用轎子、食器、化妝箱及禮品等，一樣取迷你模型放在中下段。此雛人形的「段飾り」(dankazari)，彰顯皇室的尊貴及富有，象徵古代貴族嫁娶時的雛型，本來只在宮內流行，曾幾何時，已是民間春季大事。

傳統的雛祭是在自宅內舉行的。家中的女童盛裝慶祝自己的節日，在「段飾り」前辦家家酒、喝米酒、吃菱形米糕是主要儀式，一家人共同的心願，自然是祈求女童的健康與幸福。

雛祭演變至今，雛人形展示依然可見之外，以皇帝皇后為題材的成對小人偶，是很受歡迎的紀念品。

較近代的雛人偶,此為木込目人形的做法。

桃之節句雛祭

二月下旬來到九州地區的小城筑後吉井(Jikugo Yoshii,福岡縣),看到許多商店的櫥窗裡已有「箱雛」(hakohina)展示。我初見這種放在紙箱內的雛人形,十分喜歡,請店家讓我靠近欣賞,才知道這些雛人形都是有數百年歷史的老古董。

九州的箱雛讓我開了眼界

筑後吉井的有心人士近年來提倡「雛めぐり」(hina-meguri),即雛人形巡迴展,呼籲市民將祖傳的「箱雛」拿出來展覽。店裡的歐巴桑告訴我,市民的反應熱烈,從倉庫裡挖寶出來的雛人形又多又有型,巡迴展辦得很成功,也已持續有年。

為什麼會稱為「箱雛」(hakohina)呢?當地人說,九州地區離當年的京城,即京都很是遙遠,好不容易去到京都,把高貴細膩的雛人形帶回九州,就成了傳家寶物。九州地區極少遭受天災人禍,細心包在紙箱或木櫃裡的人偶,即「箱雛」,也稱為「籠姬」(kagohime),由祖先傳至後代,現在拿出來還是令人心儀不已。

歐巴桑還告訴我,剛開始是在右側放置男人偶,左側放女偶,明治時代以後,受西歐影響改為男左女右,現代擺飾雛祭時,都已改為在左側放置男人偶了。真是西風東進,人偶也瘋狂。

雛人形的延伸與變化

江戶時代以後,雛人形受到民間的重視,也做了很多的改變。我接觸到的「押繪雛」(oshi-e-hina),是經濟平民版的雛人形,主要是以紙板作成人形,但人偶的服裝仍以和服布料貼上。此類人形多數取材自歌舞伎,下方用竹枝固定,又稱「起上げ人形」(okiage ningyo),可以將人偶插於起居間裡,便於常常欣賞。

ⓘ 交通旅遊資訊

筑後吉井
(Chikugo Yoshii)
從福岡的博多駅乘坐久大本線快車,約1小時可達筑後吉井。

小物誌 這這人形vs.市松人形

現代人慶祝桃之節句節慶,可以從二月中旬延伸到四月。四月初有「流し雛」(nagashi hina)活動,將紙製的人形由水中流放,含有將女孩的不幸與苦難付諸流水之意。在九州地區柳川市(Yanagawa,福岡縣)或竹田(Takeda,大分縣)的女兒節慶典時,我還見到「這這人形」(haihai ningyo),也用來驅除厄運,祈求女孩健康幸福。

女兒節慶的人偶展示時,常同時出現「市松人形」(Ichimatsu ningyo)及彩球,亦是表達出對女童的無限祝福。市松人形一般做成真人大小,成為女童珍愛的玩伴,人偶以可愛女童為造型,腹內裝有笛子,可壓出聲。

男兒節源自古老五月節慶「端午節句」。鯉魚在日本一向是成功的象徵，五月節始於江戶時代中期，而豎立在廣場或自家庭院、隨風而飄的鯉魚旗，則象徵男孩的健康強壯與成功的願景。

男兒節

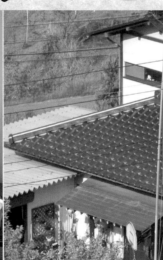

日本的五月節訂在五月五日，是兒童節(子供之日，kodomo no hi)，但以男兒爲主。鯉幟(こいのぼり，koinobori)在各地天空中飛揚的景象，從四月中旬就開始出現。

鯉幟的典故來自古老中國的「鯉躍龍門」。鯉魚克服逆流困境，超越難關變爲龍的故事，正好鼓勵男兒當自強，日本語是「鯉の滝登り」(こいのたきのぼり，koinotakinobori)，比喻人的立身出頭。

男孩是未來的一家之主，慶祝男兒節的活動，比起女兒節雛祭，可謂更加多采多姿。民藝品店裡提供了多種精心製作的五月人形，以歷史上有名的武將如伊達正宗、弁慶等爲造型。童話主人翁桃太郎騎著鯉魚的造型，用在此時，最爲討好。喝菖蒲酒賞菖蒲花，鯉幟在屋外飛揚，日本人的五月節是親子同歡，展望未來的紀念日。

北上展勝地的櫻花，與鯉幟在天空中一齊飛揚。

鯉魚旗幟男兒節

新生兒的父母親，最期盼自家男孩第一次的五月五日。鯉幟是鯉魚形狀的旗，做成長圓筒狀，本來是紙製，漸漸演變成近代的大型布製。在春風轉強時，布旗充滿了風，正像一尾尾肥大的鯉魚，隨風上下游移，有奮起勇往向前的態勢，的確能鼓舞人心。

鯉躍龍門，男兒出頭

豎立鯉魚旗是要講究高度及風向的。完整而傳統的鯉魚旗一般有四個旗幟，放在最上方的是小型較瘦長的布旗，為紅黃白綠色布條組合，名為「吹流し」(ふきながし，fukinagashi)，最容易因風而飄起，顯得意氣風發。其下方旗幟畫成鯉魚狀，白底黑紋，有時還以金色將魚鱗與魚眼塗色，稱為真鯉(まごい，magoi)。接在下方的是紅鯉旗，稱為緋鯉(ひごい，higoi)，畫有紅色魚紋。墊底在最下方的鯉魚旗幟，是與天空一般亮眼的藍色。

黑鯉代表父親，紅鯉代表母親，藍鯉代表小孩。

我認為，打旗陣飛得最高的旗幟，花色鮮豔可以吸引遠方的目光。黑鯉魚旗顏色與真正的鯉魚最為接近，一般體型也最大，充氣膨脹後更顯氣派。第三隻是紅色，增加整體色彩鮮豔度，功不可沒。藍色鯉魚旗體型小，放在最下方也是高招。

五月人形 陽剛氣魄

民間慶祝五月節的活動多采多姿：人偶店裡擺設的人偶是五月人形，有男童為主的人偶，還有模擬戰士的盔甲、以及武器的編織飾品，武士(侍，samurai)人形也多。通常以三層陳列台展現的五月人形，題材有鍾馗、弁慶、伊達政宗、桃太郎等人物，陽剛味濃，也放置有土偶、土鈴、張子(はりこ，hariko，紙做的人偶)、布簾等應節慶而出的小物，都適合送禮給親友。

慶祝五月節，街上偶爾還可以看到戴頭盔的小男孩，用正方形的和紙摺成古時武士的頭盔狀。頭盔稱為兜(かぶと，kabuto)。

ℹ 交通旅遊資訊

北上(Kitakami)
從仙台搭乘東北新幹線約需1小時到達北上。展勝地在車站隔著北上川的對岸，可在車站西口乘坐往江刺或熊沢的巴士，15分鐘後到達。

小物誌 北上，男兒節與櫻花祭

北上(Kitakami)賞櫻名所展勝地(Tenshochi)公園占地三百公頃，是陸奧三大賞櫻名所之一。初春時萬株櫻花一起盛開，不但在北上川河畔形成濃密璀璨的櫻花隧道，還有三百隻鯉魚旗陪伴，在風中競舞。

櫻花盛開已近五月，鯉魚旗在天空中飛揚，與櫻花在一起出現的畫面，只有短暫的兩、三週。北上川畔，居民同步慶祝櫻花祭與男兒節。此時，在水中划舟也象徵前進成長出世之意，如果再來個逆水行舟，就更具勵志意義。

伊萬里
佐賀縣
有田

有田 伊萬里 燒(yaki)

茶道儀式中，喝茶選用陶器茶碗，厚重有型，講究的是釉藥、造型與色澤。享受高級茶葉時所用茶杯，則是精巧細緻的瓷器。不論是陶或瓷器，日文都是「やきもの」(yaki-mono)，由黏土成型燒卻而成，簡稱燒(yaki)。因緣際會，最高級的日本陶瓷「有田燒」(Arita yaki)先在九州地區萌芽發光，再由京都、金澤(石川縣)等地擴展到全日本。

❶

❷

日本陶瓷技法自古受中國影響，八世紀時，開始使用釉藥製作陶器。茶道盛行與豐臣秀吉出兵朝鮮，兩件大事則改寫了日本陶瓷器發展史。日本三大陶器，樂指「樂燒」，採用豐臣秀吉所建豪宅「聚樂第」(Jurakudai)的陶土而名；萩指「萩燒」(Hagi yaki)，是山口縣萩出產；「唐津燒」指唐津(Karatsu，九州佐賀縣)陶器。

中國首創的燒瓷技法經由朝鮮陶工傳入日本，1616年已歸化日本的李參平，在佐賀縣有田市泉山發現白磁礦，製作出日本最初的瓷器，有田自此成為日本燒瓷第一重鎮！

十七世紀以降，中國瓷器被歐洲人視為珍寶，經銷瓷器到歐洲的荷蘭東印度公司獲利豐厚。明末清初年間兵禍連年，瓷器減產，東印度公司以日本九州瓷器伊萬里燒(Imari yaki)取代。

伊萬里燒是「有田燒」的別名。其中，古伊萬里燒模仿中國瓷器，柿右衛門樣式以花鳥圖為主，今右衛門瓷器又稱鍋島燒，用色特別華麗者稱為色鍋島(ironabeshima)。

「赤繪」是柿右衛門所發明，受到歐洲人注意，德國名瓷邁森(Meissen)為模仿柿右衛門作品而設廠。明治維新之後，「香蘭社」與「源右衛門」產品大量吸取歐洲瓷器精華。香蘭社在國際陶展中屢獲首獎，追究原因，還是模仿德國邁森瓷器得來的成就。

京都(京燒)與金澤(九谷燒)的陶瓷興起，也來自九州同行的激勵。

1. 有田燒以白底為主，圖案為紅黃綠三色。
2. 高山澀草燒傳承自九州有田燒。
3. 漂亮的陶狸，充當門前衛士。

3

左右兩件均為有田香蘭社瓷器。

走一趟日本陶瓷之旅

我的日本陶瓷之旅，就從九州佐賀縣有田(Arita)與伊萬里(Imari)開始。

造訪有田名牌瓷器的窯元

有田燒的出產地有田，可以說是愛好瓷器者的朝聖之地，每年四月二十九日～五月五日黃金週假期，有田陶器市的規模幾乎可吸引百萬人以上參觀。

由JR有田車站徒步十分鐘可到達「九州陶瓷文化館」，這是我實地體驗有田燒之前先作功課之處。以後再以計程車代步，拜訪數家有田燒名廠的窯元。

柿右衛門(Kakiemon)窯元是初代酒井田柿右衛門燒瓷原址，至少有三百餘年歷史。酒井田於二十歲時，為自家門前的柿子樹在落日餘暉的霞光下，呈現的鮮豔色

在佐賀市喝茶所用餐具就是有田燒。

藍白兩色瓷器及花紋，可看出受中國影響。

調所激勵，不斷研發，五十歲時成功地在瓷器上燒出柿子的美色，成為發明「赤繪」(akae)的名人。

在此以前，白底藍花瓷器的作法，是在上釉之前先將陶胚素燒，再用氧化鈷當釉藥，畫在素胚後燒成。赤繪特色則是顏色多彩而鮮豔，是在氧化鈷上釉步驟之後，將氧化鐵(紅)或氧化銅(綠)等用細筆描在瓷器上，以較低溫(七百～八百度左右)燒成「釉上彩」的作品。

柿右衛門作品更使用乳白

為瓷器底色，稱為濁手(nigoshite)，圖樣多是工筆的花、果及花鳥，質感細膩而潔淨。

柿右衛門作品十分昂貴，窯元不開放參觀，展示間內作品也寥寥可數。店家說，很多名作被收藏在豪斯登堡(長崎縣)內，自古以來也一直承蒙日本皇家採用，目前傳至第十四代。

隨後我走訪今右衛門(Imaemon)的原始窯元。座落於有田老街赤繪町上，今右衛門古屋是江戶町家風，瓷器作品也以赤繪方式燒成，色彩不出藍及紅綠黃三色，卻呈現出不同風味，作品以

有田燒令人喜愛，色彩豐富又清爽高雅。

左圖：典型的色繪瓷器，色彩是藍及紅綠黃之組合。
中圖：有田燒作品。
右圖：色鍋島燒瓷器比較不用白底。

花草爲主，纖細而浪漫。以前是官窯作品，專供貴族使用，價位也屬天價。

在今右衛門窯元斜對面的香蘭社(Koransha)，瓷器以蘭花圖紋爲主，用色明亮，粉紅色或嫩綠色的瓷器都極具貴相，標記是金色蘭花一朵。另一家「源右衛門」(Genemon)窯元位於有田市西北，大門內以鈷藍色磁磚妝點牆壁及桌面。

同樣是深藍，配以紅黃綠三色，這幾處名門的作品都有不同的面貌。源右衛門甚至有手帕、桌巾、杯墊、圍裙甚至時鐘等，與陶瓷配套出售。

香蘭社的瓷器底部可見一朵金色蘭花，爲其標記。

小物誌 陶板文化

日本人在近代陶器製作上已居於領導地位。繼陶瓷器的盛行之後，近來陶板文化興起，又讓日本陶瓷有了不同樣貌。1990年代，世界最早的「名畫陶板庭園」出現於京都市北山通，是企業界出資，請安藤忠雄設計建築的。

陶板畫共有八幅，選自米開朗基羅、莫內的名畫，如「最後的審判」、「睡蓮、早晨」以及中國的「清明上河圖」，製作成實物大小展出。

此外在四國地區，日本大塚製藥公司動用大資金建設大塚國際美術館。座落於德島縣鳴門市(Naruto)的「陶板名畫美術館」，將西洋名畫千餘幅以特殊技巧作成陶板呈現。最令人感動的是，館方還依照名畫原展示地做裝潢，使人有身歷其境的震撼。

珍貴名畫容易受損，陶板畫將其造型與色彩忠實再現，終能永久保存，也使日本的陶藝向前跨出了更大的一步。

京都「名畫陶板庭園」內「最後的審判」陶板畫。

燒

祕窯之里─伊萬里的陶瓷

靠海的伊萬里是以前運輸有田燒至歐洲的出海港口。在火車站附近有多家陶器店,不難想像當年陶商在此地活躍的情況。

轉乘巴士到市郊之外的大川內山地區,我看到磚造煙囪和山路,還有「祕窯之里」的招牌,礦山還真是近在眼前。

此地商店清一色販賣陶瓷器,其他房舍則是私人經營的工廠(窯元)。我先在商店裡尋寶,後來走入私人工廠,店主很親切,大方讓我欣賞藝品,還抽空解說。

與有田分據礦山兩側的伊萬里大川內山地區,本來是

伊萬里燒之中,鍋島燒為今右衛門瓷器代表。

官窯集中處,陶工的後代有許多在此地生根,成為陶藝家繼續作出精采作品,且價位平實,已深入民間。這裡的作品大致謹守有田燒用色的規矩,仍然是深藍及紅綠黃組合。

我看到伊萬里津大橋上有兩座超大形瓷壺,是「染錦四季草花文」,及「染錦花見風俗繪」圖樣,與我國明朝的瓷器太相像了,果然是正宗的古伊萬里燒。

放置筷子的小瓷器,以雛人形為造型。

京都的清水燒─京燒

京都是茶道發展重鎮,瓷器的製作十分受到注目。

十七世紀中期,繼有田燒之後起步的京都瓷器(簡稱京燒),由陶工野野村仁清(Nonomura Ninsei)等人在清水寺附近設窯發展色繪瓷器,稱為清水燒(Shimitsu yaki),後來搬遷到京都市郊宇治的炭山,以及山科的清水燒園地。

清水寺仁王門前的朝日堂創業百餘年,有不少名瓷與陶狸。有「土與火的詩人」美譽的河井寬次郎(Kawai Kanjiro,1890~1966年)的紀念館,則離京阪五條車站不遠。

伊萬里大川內山地區原為官窯集中地,現在到處可見私人經營的窯廠。

橋上的陶版畫。橋頭上的大瓷壺學自中國的設計,是典型古伊萬里燒。

現代陶器，古意新法，武士造形。　　九谷燒繁複而多金為特色。

京都人愛陶，到當地常見陶狸，且有造型愈來愈豐富之感。

陶狸是信樂燒(Shigaraki yaki)的一種。日本商家常用陶狸招徠顧客，挺著大肚子的陶製狸貓笑臉迎人，親和力第一，多數產自滋賀縣信樂町(Shigaraki-Cho)。其實信樂燒陶器歷史更古老，是鎌倉時代初期的六古窯之一。

名品京燒陶器，茶道用。

金澤的加賀文化，在十七世紀時，也在漆器與瓷器製作上大放異彩，不讓京燒專美於前。加賀地區的九谷燒(Kudani yaki)與輪島漆器之美，一樣令人喜愛。

五月人形是高級陶瓷藝品。

陶狸造型不一。

交通旅遊資訊

伊萬里(Imari)
由福岡(博多車站)的交通センター(center)乘坐西鐵巴士或昭和巴士，約2小時可達伊萬里火車站附近巴士終點站。或乘坐JR唐津線至唐津後，再轉筑肥線，共需約2小時30分鐘可達JR伊萬里站。在伊萬里車站搭乘往大川內山方向之西肥巴士，約20分鐘可達終點站。由有田乘坐松浦鐵道火車到達伊萬里約需25分鐘。

有田(Arita)
有田在JR佐世保本線上，福岡出發至有田約需1小時30分鐘。

柿右衛門窯(Kakiemon gama)
✉ 有田町南河原
☎ 0955-43-2267

今右衛門窯(Imaemon gama)
✉ 有田町赤繪町1590
☎ 0955-42-3101

源右衛門窯(Genemon gama)
✉ 有田町丸尾2726
☎ 0955-42-4164

大塚國際美術館
(The Otsuka Museum of Art)
由關西機場去德島，建議從機場搭乘汽船比陸路更為便捷。由德島可乘JR鳴門線至鳴門，約需40分鐘。在JR鳴門車站乘坐鳴門市營巴士，或德島巴士往鳴門公園方向在美術館前下車即達，約需20分鐘。
✉ 772-0053德島縣鳴門市鳴門町土佐泊浦字福地65-1，位於德島縣鳴門市國立公園內
☎ 088-687-3737
FAX 088-687-1117

盛岡　岡寺諸島道
山小豆尾
小
尋找
文學碑

日本境內「名作探訪之旅」相當盛行。文學家、詩人、俳句名家和民謠詞曲家等，全數是「文學散步」的對象。當地政府推廣也不遺餘力，設紀念館或文學碑，包括句碑、歌碑、詩碑或謠曲之碑等，又把作家的住所、文書視為重要文化資產，對教育或觀光大有助益。

文學家在作品中描寫故鄉風土，最能引起共鳴。對作者著迷，有人會親身造訪舊居，有人則因應文字中深情的呼喚，對當地豐饒文物更加嚮往，進而追隨名家足跡。譬如站在京都金閣寺前，會聯想到三島由紀夫的名作《金閣寺》就是一例。

文學碑絕不是風景，它安靜的躺在路旁，既不礙眼，也不會大張旗鼓吸引人潮。千里尋碑的粉絲，目標各異，身臨其境感受也大不同。

文學碑多數豎立於作者的家鄉，或曾經久住之地，例如大文豪島崎藤村(Shimazaki Toson，1872～1943年)的作品迷，會走訪位於長野縣馬籠宿(Magome juku)，已改為藤村紀念館的舊居。中年藤村在長野縣小諸(Komoro)擔任教職，名作《千曲川のスケッチ》中詠嘆小諸境內千曲川之詩情，也立有歌碑。島崎藤村作詞，藤江英輔作曲的「惜別之歌」，係島崎因有感學生出征、陣亡而作，會唱此歌的人很多。

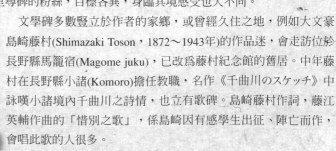

左頁圖說：

1. 島崎藤村銅像，豎立於千曲川畔小諸市內。

2. 童謠「汽車ポッポ」(kishapoppo)的歌碑上，還畫有圖畫，火車剛從山洞裡露臉。攝於長野縣松代(Matsushiro)。

尋找文學碑

　　我最喜歡的文學碑，出現在盛岡(Morioka，岩手縣)材木町的「光原社」，有童話與詩作家宮澤賢治(Miyazawa Kenji，1896～1933年)作品。出生於花卷(Hanamaki)的宮澤，成年後在盛岡任教。

　　介於「旭橋」以及「夕顏瀨橋」之間的材木町，一直就是宮澤鍾愛的街道，他的第一本童話集《有許多訂單的餐館》(chiumon no oi ryoriten)，出版地點就是光原社。往光原社的裡側走，我發現了宮澤賢治的小天地；矮牆外是北上川，微風帶來水聲，側方的白牆壁上是宮澤賢治的親筆真跡詩篇。宮澤的字，像圖畫一般吸引人。

光原社在文學氣氛濃的材木町上。

宮澤賢治的卡通造型人像。高帽子，長大衣，長褲下是穿著大皮鞋的雙腳。這種造型在街頭屢屢出現，取材自宮澤本人的漫畫。

張子取材自宮澤賢治童話《風之又三郎》，少年又三郎開朗而睿智，極受歡迎。

材木町上有真人大小的宮澤賢治銅像。

小物誌 宮澤賢治手稿

詩篇「溫暖的風滿滿地吹向河谷」譯文

微風掃過稻田，又將栗子樹葉變得更亮麗；現在，透明的葉汁轉移了，也蒸發了，清清爽爽地。在曠野中，在意氣風發的稻田裡，甚至看得到蘆草；像古樸年代的諸神般，我們一直拍著手、跳著舞，也不夠表達心中的喜悅。

宮澤賢治親筆寫下詩篇「和風は河谷いっぱいに吹く」的最後兩句，於光原社內。位於盛岡材木町的光原社，是宮澤賢治迷必訪之地。

林芙美子銅像，望著大海，
身旁是手提箱和雨傘。

松尾芭蕉代表作：
奧之細道(okunohosomichi)

松尾芭蕉(Matsuo Basyo，1644～1694年)俗稱芭蕉翁，出生於三重縣伊賀上野，當地有他的銅像與為他量身訂做的「俳聖殿」紀念館。拜訪俳聖殿的遊客或書迷，與參觀山形縣山寺(Ya-madera)「芭蕉紀念館」的人一樣多。

山寺的立石寺有石碑，上面刻著：「閑さうや 岩にしみ入る 蟬の声」。

意譯：靜寂之中，蟬叫聲穿透過岩石，滲入了。正是芭蕉有名的俳句「蟬時雨」

(semishigure)。

芭蕉生前遊遍日本、吟詩行旅各地，到處可見立有文學碑。俳句現今在日本依然盛行，俳句大會活動頻繁，功勞應歸之於松尾芭蕉。

芭蕉最美麗的俳句「蟬時雨」。

雨傘上也有芭蕉的俳句。

林芙美子代表作：
放浪記(horoki)

生於山口縣下關市，林芙美子(Hayashi Fumiko，1903～1951年)在廣島縣尾道(Onomichi)就讀中學，以後寫詩投稿地方報紙而成名，1928～1948年間旅遊日本國內各地。以日記書寫《放浪記》抒發旅情，聲名大噪，晚年在東京渡過。

尾道是依山而面向瀨戶內海的山城。乘坐「千光寺山纜車」由山麓駅往山頂駅，可直達山頂千光寺公園。由山頂駅步行到尾道市立美術館間一公里的文學小徑，可以見到許多文學碑。文豪志賀直哉舊居以及林芙美子的

陶器作品上的文字與圖畫取材自林芙美子的《放浪記》。她在書中寫道：看到海，五年來終於又看到海，我懷念尾道的海 (指瀨戶內海)。

林芙美子舊居，現在改為茶室，內有女作家的文物展示。

書齋都在途中。

回到JR尾道車站，我看到女作家眞人大小的雕像，是身子半蹲，拿著皮箱雨傘造型，放置於忙碌的港口，正眺望著瀬戸內海。

壺井榮代表作：
二十四の瞳(nijushi no hitomi)

出生於香川縣小豆島(Shiodoshima)的女性小說家壺井榮(Tsuboi Sakae，1900～1967年)，家中以製造木樽爲業。《二十四之瞳》描寫女老師大石與十二位小學生相處、共同成長的故事。作者以家中年幼成員爲參考，描繪二次大戰後眾生之苦。1954年名導演木下惠介

「平和的群像」是爲小說「二十四之瞳」而立的銅像。由小豆島的土庄港下船，不要錯過了。

將原著搬上銀幕。

在小豆島的土庄港下船，很容易就可望到「二十四之瞳」雕像，二十四瞳意指十二位學生的眼睛。大石老師被男女孩圍繞著，雕像名爲「平和之群像」，是1956年矢野英德的作品。

參加島內的旅遊行程，數小時後到達小豆島東南端田之浦的「二十四の瞳映畫村」，發現影片拍攝時設置的小學教室及住宅都被保留下來。

吉井勇代表作：
祇園歌碑

吉井勇(Yoshii Isamu，1886～1960年)是日本「耽美派」名詩人，出身東京，卻熱愛京都。「祇園歌碑」1955年11月8日立於白川南通，深得藝伎喜愛，被譽爲「給京都人的情書」，歌詞如下：「しかにかくに 祇園はこひし寝るときも 枕の下を水のながるる」。

每逢「かにかくに祭」可見藝伎在歌碑前獻花。

交通旅遊資訊

尾道(Onomichi)
位於瀬戸內海北岸，岡山與廣島兩大城市之間。可乘坐山陽新幹線到福山(離新大阪約1小時10分)轉山陽本線，再20分鐘可達尾道。

小豆島(Shiodoshima)
位於東瀬戸內海之中，有渡輪與本州及四國的陸地連結。從四國的高松港到小豆島的土庄港，需時35分鐘。在土庄港乘小豆島往田の浦方向巴士，至田の浦映畫村約需55分鐘。

小諸(Komoro)
位於長野縣東部。從東京乘長野新幹線約1小時10分可達輕井澤，轉乘信濃(Shinano)鐵道火車20分鐘後可達小諸。如果從長野縣的首府長野市出發，則直接乘坐信濃鐵道火車需時1小時；或者從長野市乘長野新幹線到佐久平，需25分鐘，再轉小海線鐵道火車15分鐘可達，但小海線班次不多。

山寺(Yamadera)
位於山形縣，接近仙台市所在的宮城縣界。從仙台乘坐仙山線，快車需50分鐘。

盛岡(Morioka)
在岩手縣內。從仙台乘坐東北新幹線火車往北，1小時20分鐘可到盛岡。

京都花見小路白川南通上的「祇園歌碑」。

會津若松
金澤
高山
黑江

漆器

日本人稱漆器為「塗」(うるし，urushi)，將木胚塗上層層透明防水塗料而成。高級漆器有講究木紋看得清楚的「透塗」(sukinuri)，例如「飛驒春慶塗」(Hita shunkei nuri)，是岐阜縣飛驒高山(Hida Takayama)的名產；也有講究絢麗、加有金箔或金粉的「輪島塗」(Wajima nuri)，以石川縣金澤為主要集散地；位於和歌山縣的小鎮黑江(Kuroe)則是日本漆器之里，可以見到許多古典漆器的收藏。

❶

漆 器發展靠三大要素：一是材質，指木材與漆、二是技法、三是運輸及推廣。和陶器一樣，日本漆器製造原本也由中國東傳，到了豐臣秀吉掌權，提倡桃山文化，以黃金裝飾廟宇與宮殿，並大量使用陶瓷與漆器來裝潢，使漆器技巧更加突飛猛進。

最頂尖的漆器藝術品，是京都高台寺旁「掌美術館」內的「蒔繪」漆器，為豐臣秀吉所擁有。此外，位於岩手縣平泉的中尊寺金色堂內金壁輝煌，欄柱上是貼有金箔的漆器精品，已成世界級國寶。中尊寺開山一千一百五十年紀念時(西元2000年)曾開放大眾參觀。

前田利家在金澤、輪島(石川縣)發展「輪島塗」，漆器品質居領導地位。來自金澤的沉金師或出身京都的蒔繪師，在各地備受推崇，隨著名師腳步的遷移，各地漆器文化有了更多樣的變化。

漆器的胚為木製，出產優質良木及擁有卓越木刻技巧之地，如岩手縣的盛岡與岐阜縣飛驒高山等，都有精采的漆器。盛岡名漆器如淨法寺塗與秀衡塗，和木製家具一樣受人歡迎。飛驒高山木工的手藝是日本第一，飛驒春慶漆器的品質，自然也不多讓。

黑江漆器則拜運輸之賜，當年將漆器往四國、九州及中部運銷。而山口的「大內塗」及會津若松「會津塗」，當地藩主的仰慕京都文明，大力推廣地方精緻手工藝，功不可沒。

1.春慶塗講究造型與手工。
2.攝於長野縣松本市，漆器店招牌鮮明亮眼。
3.金澤的金箔漆器，高貴的伴手禮。
4.現代漆器講究造型與設計。
5.岩手縣平泉市的毛越寺，此為有名的禪宗庭園。

漆器

「春慶塗」表現木紋與肌理，造型多樣，且兼顧實用性與美觀。

漆器之國

漆器是象徵日本文化的重要傳統工藝，日本是「漆器之國」，小寫英文字japan也包括「塗」。漆器是木製品，木碗先成型為「胚」，經精工研磨平整之後，塗上數層塗漆，再畫上花紋。

輪島塗

掄元現代精品漆器榜首的「輪島塗」，在能登半島北端小漁村輪島(Wajima)製造，成為鄰近的古城金澤(Kanazawa)最有名的產物。

輪島的商店街裡，到處可以看到「輪島塗」漆器。輪島塗大量使用金粉或金箔，日常使用的漆器甚至有全部是金箔色的，可以說是輪島塗的特色。傳統且高級的輪島塗，也有以黑金或紅金相配，而且在金澤市內比較容易看到。

藩主前田利家建城金澤，發展輪島塗漆器，並且沿襲了戰國時代豐臣秀吉桃山文化的絢麗璀璨。高級輪島塗

高級漆器歷久彌新。

「輪島塗」是有名的漆器，以黑金二色表現貴氣與質感，且十分耐用。

漆器的上漆次數可達百層，設計完美品質優良，價位高，耐用度也最高。

大戶千金的嫁妝或一般賀禮，以買全套金澤的輪島塗漆器最有面子，也顧到了裡子！

春慶塗

在日本，飛驒高山市木工的手藝一直是名列前茅的佼佼者，再加上高超的塗漆手藝，更是相得益彰。

高山市大新町有許多漆器店專售「春慶塗」，店家說，紅色春慶塗比黃色的價位高，因為製作時漆工比較費時費力。我也喜歡春慶塗的造型，木紋的變化為漆器帶來不少趣味感。像放置抹茶粉的茶葉罐，我看到漆器之上畫有金色圖案，算是蒔繪的技法，又因塗有紅底再加透明漆，整個茶葉罐呈酒紅色，造型又是紅棗形，真是名符其實的棗。茶

「飛驒春慶」與「高山祭」，吸引觀光客前來飛驒高山一帶觀光。

小物誌 漆器製作技法

輪島塗的技法有「沉金(chinkin)」與「蒔繪(makie)」。蒔繪的畫法，是先將漆器的木胚塗以厚漆，再以細筆沾金、銀或珍珠粉泥等描繪圖像。沉金則是在木胚上先以小刀雕刻出凹槽，用金箔或銀箔嵌入後，再在表面塗漆。完成後，沉金作品表面平滑光亮，比蒔繪顯得新而且較能持久，是製作方法不同之故。

輪島小鎮裡的女漆工。

大阪附近的漆工春慶發展出「透塗」，是將木頭染黃或紅後，再塗上透明生漆，使木紋看得清楚，並增加立體感。該技法傳至岐阜縣的高山市（又稱飛驒高山），而有「飛驒春慶」漆器；傳至秋田縣能代的，則為「能代春慶」漆器。

黑江漆器以黑底或紅底最多，上面再以金或銀粉塗在黑或紅漆之上，大多是以「蒔繪」方法完成。

高級漆器送禮最佳，「秀衡塗」與「淨法寺塗」也不例外，淨法寺塗以紅漆為主調，秀衡塗有特殊的光澤，兩者都採用金箔，也是蒔繪漆器。

葉罐的日語，正是枣(なつめ，natsume)。

紀州漆器之里黑江

白底黑字的紙燈籠常在黑江老街坊出沒，上面寫著「紀州漆器之里黑江」似乎只是招牌廣告。來到一處，門口寫著「漆器展示」的小牌，我推開木門進了屋。

老婦人由裡間探出頭來，邀請我脫鞋走上塌塌米，參觀她家族數代漆器收藏。

古稱紀州，位於和歌山不遠的黑江，是漆器工人的故鄉。和歌山一帶的漆器總稱「海南漆器」，海南漆器蒔繪師的技術，在江戶時代知名度甚高。黑江漆器是給平民使用的，強調實用性，簡

講究的江戶時代男士，常會配帶「印籠」(即小藥品盒)出門，此印籠也是漆器。

單樸素。當時黑江商人以船隻將漆器運銷日本各地，運漆的船叫「椀舟」，漆器商人是「椀屋」，「椀」指的就是木製的碗。

信步來到另一家漆器店，依然是民宅外觀，本來有點猶豫，沒想到屋主池原露了臉，執意要我入內參觀。一進屋內，滿屋子高級的漆器讓我大開了眼界。池原先生

忙著介紹來自輪島、高山、黑江等地的漆器。雖然同樣是紅、黑、金、銀，顯然是「輪島塗」光澤花樣最為絢麗亮眼，精品最多。

池原先生是漆器商人，他以自己世代做漆器工人的實力背景，經銷日本各地有名的漆器，由工廠直接運到黑江。到黑江選購高級漆器，正是行家手法。

黑江是漆工的故鄉，漆器簡樸，為庶民所用，樸實無華。

漆器

淨法寺塗與秀衡塗

日本東北地方盛產木材，我到盛岡(Morioka，岩手縣)JR車站附近不遠的材木町(Zaimokucho)，看童話作家宮澤賢治(Miyazawa Kenji，1896～1933年)在此遺留下來的歌碑。這條別名烏托邦大道(I-ha-to-bu)的小街，充滿了文藝氣氛和懷古民風。

材木町名字的由來不詳，但由老街坊上有許多家具店可以推想盛岡一帶的木材有一定水準的質感。正在想，與木材有關的漆器會是如何，盛岡的高級漆器「秀衡塗」與「淨法寺塗」就出現了。秀衡塗與淨法寺塗都是歷史悠久手工優良漆器，由

漆器名店鈴木屋利兵衛的建築，已經成為會津老街上的地標。

名字來推敲，應該和藤原家族有關。

盛岡、平泉(ひらいずみ，Hiraizumi)一帶，古稱奧州。奧州藤原祖孫三代建設平泉；藤原清衡建中尊寺，藤原基衡建毛越寺，藤原秀衡在歷史上以庇護源義經聞名。

會津塗

會津若松(Aizu Waka-matsu，福島縣)有許多民藝品讓我念念不忘，像紅牛張子，土偶等都充分反映了當

紅或黑色的會津漆器。

地風土人情。會津若松的漆器「會津塗」，在日本屬於中高級漆器等級，我看到的作品有許多是蒔繪漆器，圖案以花卉為主，有時也放入金箔。

「秀衡塗」源自藤原秀衡的傳承。

「淨法寺塗」為盛岡、平泉一帶漆器。

「山口塗」是山口漆器，畫的題材是大內領主與姬君的故事。

大內塗

提起大內塗，必須先提一位山口縣山口(Yamaguchi)的古代名人。位於日本本州西北的周防地區，在16世紀時最有權有錢的是統治者大內弘世。朝鮮裔的大內氏是山口領主，素來仰慕京都文化，與京都的政商關係良好，又因為夫人來自京都，曾由京都特別禮聘人形師傅來山口製作人偶，以後成為山口的象徵，即「大內塗人形」。

很古老的山口塗。以大內領主為造型，店主說是非賣品，只能讓我拍照欣賞。

山口名產大內塗人形是高級漆器人偶，造型呈不倒翁狀，木製圓形娃娃與雛人形相似，臉部有下垂的睒睒眼，小小的八字眉，紅唇一小點，身上塗成華麗的服飾，上漆技法以及設計都屬上乘。通常男女一對象徵佳偶，表情可愛又貴氣十足。

我最欣賞的大內塗，是一座以大內弘世為造型的木偶漆器。

買一個山口塗大內人形，可當賀禮送給新婚夫婦。

i 交通旅遊資訊 ➤

平泉(Hiraizumi)
在岩手縣內。從仙台搭乘東北新幹線往北，約需40分鐘，在一ノ關(Ichino-seki)下車，轉東北本線火車10分鐘到平泉。

金澤(Kanazawa)
在石川縣內。從名古屋出發，可搭乘山陽新幹線往西約30分鐘到米原，轉乘北陸本線特急，約2小時可到金澤。

高山(Takayama)
在岐阜縣內。從名古屋搭乘高山線之特急火車，約2小時20分鐘可到高山。

盛岡(Morioka)
在岩手縣內。從仙台乘坐東北新幹線火車往北，1小時20分鐘可到盛岡。

黑江(Kuroe)
在和歌山縣內。從關西機場乘巴士約35分鐘可達和歌山市。從大阪的天王寺駅乘阪和線火車往南，約1小時可達和歌山市。從和歌山市搭乘紀勢本線火車往南，約12分鐘到達黑江。

山口(Yamaguchi)
在山口縣內。從大阪乘坐山陽新幹線往西，約2小時30分鐘，可到小郡(從福岡往東，則需時約40分鐘)，然後轉山口線特急，15分鐘抵達山口市。普通車則需時約30分鐘。

會津若松(Aizu Wakamatsu)
在福島縣內。從仙台乘坐東北新幹線往南，40分鐘抵達郡山。從東京的上野往北之東北新幹線，則需時1小時50分鐘。在郡山轉乘磐越西線快車，約1小時到達會津若松。普通車則需1小時50分鐘。

往昔因應商旅住宿而興盛的城鎮被稱為宿場町，鎮內民宿，古稱旅籠。江戶時代來往於京都與東京(舊名江戶)各地間，走在中山道上的官員及商旅人士，常在奈良井宿小鎮上養精蓄銳，備妥馬匹、糧食、飲水後，再邁向未完的旅程。今日JR中央線由名古屋向北到鹽尻(Shiojiri)兩地之間，可以造訪的宿場町，由南向北就有馬籠宿(Magome juku)、妻籠宿(Tsumago juku)、三留野宿(Midono juku)、野尻宿(Nojiri juku)、須原宿(Suhara juku)、上松宿(Agematsu juku)、福島宿(Fukushima juku)及奈良井宿(Narai juku)等，為數不少。

奈良井 妻籠 馬籠 宿場町

由 名古屋北上，深入日本中部山岳地帶，火車窗外溪谷與山洞一個接一個，接近海拔1197公尺的「鳥居峠(Torri toge)」時，火車穿過長而昏黑的隧道，不久，我的目的地「奈良井宿」(Narai juku，長野縣)就隱藏在高山之北。

數百年來，鳥居峠正是「中山道」途中最高、最險峻的隘口。

號稱「木曾路十一宿」的宿場町，指的是位於馬籠與贄川宿之間的十一個小鎮。其中，奈良井宿規模最大，號稱日本第一，與位於西南，同樣在木曾川(Kiso gawa)沿岸的妻籠以及馬籠(在長野縣)，併稱木曾路上三大宿場町。分次造訪後，我認為佔地寬廣的奈良井宿建築正典；馬籠宿的山路極美，又是大文豪島崎藤村的故里；妻籠宿則以小巧玲瓏取勝。三地各具風采特色，從街上遊人密度之高，還可以看出宿場町深具魅力，到了現代依然令人嚮往。

1. 典型的古代旅店，屋頂是「石置屋根」，有數排石頭壓住屋頂。
2. 現代人視馬籠宿為觀光勝地，購物天堂，以及美食小街。
3. 遠山之下美麗的奈良井宿場町有保存良好的古建築。

木曾路上懷舊宿場町

木曾路宿場町內，既有保存良好的江戶時代建築，有名的漆器工業，又有素樸的地方小吃，以及濃郁的鄉土人情，直教時光倒流，懷古情趣提升到最高點。

奈良井宿的風與水

沿鐵道之西，稍有彎曲的大道是主道路，由南到北，命名爲上町、中町與下町。地下湧泉供汲水之處「水場」，更是奈良井宿最爲獨特之處。

小鎮標高九百四十公尺，大街之西是森林與高山。面向主要街道的兩排古老木製建築是「重要傳統建造物群保存地區」。町家(即商家)的房舍依山傍水而建，奈良井川就在城鎮東側。

古老商家大多是供人住宿的兩層樓木造建築，左鄰右舍因爲是同時期建造的，外觀十分接近。

古建築入畫更加吸引人

木造樓房正面的窗有細長條木框的「千本格子」(sen-bon-koshi)。不少商家使用

這兩戶人家的「猿頭」，也就是小屋簷上的木刻突出物，各具風采，值得比較。

雪白色窗紙，讓一樓門面明亮起來。

大門的左下方開有小門，稱爲「潛門」(kugurido)。有客人時要開大門迎賓，平日用小門，方便自家人彎著腰快速進出。值得看的還有

古時的看板使用木框做招牌。二樓下沿突出向前的小屋簷叫「鎧庇」，上面有木刻的突起，稱爲猿頭(saru-kashira)，像是猴子的側臉。

鎧庇(yuroi hisashi)、猿頭(sarukashira)及袖壁(sode kabe)。

二樓比一樓向前突出約五十公分，鎧庇是用來遮陽的小屋簷。在小屋簷上有木刻突出物，稱爲「猿頭」，看似猿猴的側臉。

袖壁是與鄰接建築之間的隔板，上方較寬，下方較窄，與和服的長袖相似而取其名，有防火延燒的功能，多塗以白色。

典型的宿場建築。兩層樓木造房屋還掛著老招牌，經營先代留下來的志業。一樓有「出格子窗」及門前的軒行燈。藍底白字的布簾以及供客人暫時坐在門外休息的木椅，都有百年以上歷史。

軒行燈是門
號,寫上自
家的店名,
方便旅人投
宿兼照明。
否則,家家
戶戶的建築
十分雷同,
豈不是常常
會走錯門?

木曾大橋美姿。

軒行燈是旅籠的招牌

由上町經中町再往下町,民宿最多,漆器店其次。町家建築典範「中村邸」位於上町。商家最重要的招牌,一是大門上棉布暖簾,二是二樓的看板或木牌,三是豎立在門外的「軒行燈」(nokiando)。有些屋頂鋪著乾稻草或木板,用數排石頭壓著,即「石置屋根」(ishi-okiyane),古意盎然,但不多見。

奈良井宿四百年來的地方美食,有五平餅、蕎麥麵及煎餅仙貝等。

山區盛產木材,木製品有高級的「木曾漆器」、平價的掃帚、木器,實用的木屐等。此地的「曲物」(maga-mono)十分有名,指用木板彎曲成形製成的容器,泡澡的木桶、或放茶杯的容器等,都是例子。

水場,是上面蓋有小木屋的深井

高山雪水流入地下,湧泉開發成水場,造就了奈良井地酒香醇,麵粉甘甜。「杉之森」是名酒廠。居民生命所繫的水場(mitsuba),分散於上中下町,有六所之多。

上町「中村邸」旁有「鍵之手水場」,一旁還有「道祖神」(dosojin)石碑,是保佑夫妻關係的神像。民眾可以解渴兼拜神。其他水場如「宮之澤」等,異曲同工。

沿JR鐵道來到奈良川畔,由下町繞路向東走,見識到奈良井的木曾大橋。老橋曲線優美,橋身以百年檜木雕刻,全然看不出歲月。

「水場」就是地下湧泉出口的小木屋,地下水由水龍頭流出來,可以洗手洗衣灌溉花草,還可以把隨身水壺裝滿,帶在途中供解渴之用。

小檔案 奈良井宿

1602年,德川家康將全國分為五街道,其中,中山道與東海道是連結江戶與京都間最重要的兩條道路。中山道共有六十七宿,奈良井宿是編號第四十三號宿場亦即驛站。依據西元1844年記錄,奈良井宿地區曾有三十九間茶屋與客棧。

奈良井宿房舍為江戶末期至明治年間所建。南北端有神社,老街後方山腳則有五間寺廟。木器工匠居住在上町及下町,中町設有本陣(honjin)、脇本陣(wakihonjin),分別為官員及下屬所住。

【made in Japan】 131

中山道是日本境內有名的歷史古道，因為穿過中部山岳地帶而得名，是現今的長野縣與岐阜縣一帶山路，一直是連結江戶與京都之間的重要道路。

宿場町②
宿於馬籠的一天

馬籠距離岐阜縣境不遠，以宿場聞名，人稱「馬籠宿」。附近的最高點「馬籠峠」高度八百零一公尺。蜿蜒的石板道路，兩旁民宿兼營小餐館的占了大半。

馬籠宿與妻籠宿名氣大，口碑好，我決定實地比較，終究在兩地各住了一晚。選民宿我有經驗；交通方便第一，餐飲有名第二，建築物有來頭第三，三者皆列入考慮重點。

想到馬籠宿是「木曾十一宿」最南的一站，「籠」代表旅籠我是理解的，「馬」指生馬肉(馬刺)嗎？以馬為造型的工藝品充斥街坊，也有以稻草編成的「養馬」。

稻草編成的「養馬」，是馬籠民藝品。

現代的觀光小鎮，是古時候旅店群聚

坡道前石碑上寫著：中山道馬籠宿。此處到江戶(即東京)，有八十里半之遙，到京城(即京都)則有五十二里半路程。

日本的「里」，每一長度單位等於3.927公里，由馬籠走「中山道」到東京約有三百二十公里，徒步走山道，加上休息時間，要走上二十多天，中途不免需要歇腳過夜。

中山道，因穿過中部山岳地帶而得名，江戶到明治初期，德川幕府有鑒於道路上行旅人士繁多，經常有貴族及家屬或商人路過，在道路上廣設驛站及客棧，並加以規劃、管理與編號，以求行旅安全。

小鎮充滿文學氣氛

馬籠是明治時代文豪島崎藤村(Shimazaki Toso)的出生地，藤村小說《夜明け

「山城屋」在馬籠宿出售木曾路所產檜木精品，布簾上寫的字全是「木」字旁木材名稱。

前》(yo-ake-mai)描寫作者父親的戀愛故事，以「大黑屋」為背景舞台，小說之中的伏見屋即大黑屋，現在是民藝品店兼茶屋。

「清水屋資料館」改自島崎藤村故居。島崎的祖父曾是馬籠城守護軍的領隊。「馬籠脇本陣」(Magome wakihonjin)相當於當年五星級旅館，天皇及皇女都曾住宿過，也在大黑屋附近。

宿場町③
像電影場景般的妻籠宿古代旅籠

與奈良井與馬籠做比較，妻籠宿是最小巧的村落。從

這一個角度拍出來的相片，是常在電影中看到的妻籠宿場景。

1601年開始設置宿場與驛站，到明治年間沒落衰退，已經歷了三百餘年。村民在1968年時響應「町並保存運動」，修復老屋，擦亮了招牌，還不遺餘力推廣地方色彩豐富的木製品與鄉土美味，如木屐、栗子餅以及手工藝品。

纖細的格子木窗框裡，隱約透露出燈光；朝氣蓬勃的商家，展示著各種優雅的家用物品；空氣中不時飄來陣陣食物香味。妻籠宿的夜色出現在各類影片中，脫俗之美和白天的活絡又是不同。

小物誌 路上遇見江戶時代郵差

妻籠宿以及馬籠宿兩地為了發展觀光，刻意提倡復古，鎮上的郵差以江戶時代打扮與行頭，徒步送信，建立形象。我曾在馬籠宿的大馬路上遇到一位真正的郵差！郵差先生頭戴黑笠、一身深藍，右肩背著黑色木箱，寫著「御用」及「郵便」紅字，背後一個紅底白字的「驛」，說明了馬籠宿也是當年重要的驛站。此人正在分發郵件，告訴我他是馬籠鎮上唯一的郵差，上班時靠雙腳送信，沒有機車可騎，制服是一身江戶時代行旅的標準行頭。

將妻籠宿明治郵差的裝扮，和眼前的真人郵差做比較，發現江戶時代的郵差打扮，還是比明治時代古早一些。眼前的郵差先生成了江戶郵差代表，從頭到腳，都是活生生的歷史。

郵差先生在藤村紀念館前。

ℹ 交通旅遊資訊 ▶

奈良井宿(Narai-juku)
由名古屋向西北，往松本方向的JR中央本線，奈良井宿是小站，只有普通車停靠。可乘坐快車，50分鐘後先到中津川(Nakatsugawa)，改換普通車，仍需再坐1小時10分鐘，才能到達奈良井宿。

馬籠宿(Magome juku)
妻籠宿(Tsumago juku)
馬籠宿離名古屋100公里。妻籠宿與馬籠宿兩地相距約8公里，步行約需3～4小時。由名古屋出發，搭乘JR中央本線至中津川(Nakatsugawa)需50分鐘車程。中津川至馬籠宿，可搭乘濃飛巴士，車程30分鐘。由馬籠至妻籠可乘坐濃飛巴士，車程約28分鐘。如直接由名古屋去妻籠宿，搭乘JR中央本線，過中津川站15分鐘後，在南木曾(Nagiso)下車，再換乘濃飛巴士，7～10分鐘後可到達妻籠宿。

但馬屋
✉ 木曾郡山口村馬籠4266
☎ 0264-59-2048
ℹ 但馬屋有一座水車在門前，很容易找到，是人人皆知的大型民宿。住房數目多，房客在地爐(圍爐裡，irori)旁吃晚餐，又可享用檜木浴盆泡澡，雰圍十足懷舊，所提供的餐點也道地且精彩。無暇在馬籠住宿一晚的遊客，也能在但馬屋內享用豐盛的午晚餐，應先預約。

山城屋
✉ 木曾郡山口村馬籠4299
☎ 0264-59-2107
ℹ 位於藤村紀念館對街，此店內有各種檜木製成的家用品，將木曾路名產檜木的特點，發揮至淋漓盡致。

馬籠觀光民宿案內所
☎ 0264-59-2336

馬籠觀光案內所
☎ 0264-59-2001

大自然篇

在
天與地
之間

角館、八津　弘前
福岡
奈良
白石

除了櫻花，四季分明的日本仍有值得注意的代表性花卉。短小如草的芝櫻最容易讓外國人誤解，以為是高大櫻樹上的粉紅焦點；菖蒲親水，在神社庭園裡繁殖；紫藤與紫陽花在日本各地十分常見，為街頭巷尾增添不少顏色；片栗的根莖磨成粉可勾芡。

弘前、角館
八津、白石
奈良、福岡

紫藤　菖蒲　芝櫻
片栗　紫陽花

①

②

賞花原本應該是愉悅的娛樂，如果必須擠在人群之中，或者長途跋涉千里尋覓，就失去了調劑身心的意義。日本人對花樹的培養或居家環境的維護，其用心細心與耐心真是不容質疑。民家在門口的小庭園裡，常種植應景花卉，有關單位也不時推出各類賞花活動，連不起眼的神社或小公園裡所種花卉草木，都能滿足花迷的期待。

你可知道，有人認為花吹雪(hanafubuki)般落櫻的美景，比怒放的櫻花更令人心醉？

其他，台灣人較為陌生的紫藤花(fuji)，生長在野地裡的片栗(katakuri)，紫陽花(ajisai)新鮮有趣的品種，菖蒲(hanashobu)的水中倒影，在地面上低低趴著生長的芝櫻(shibazakura)等，每每形成賞心悅目的畫面，讓人放下匆忙，輕鬆觀賞。

參觀紫陽花園，讓我驚訝於它品種之多。紫藤花叢旁，松本古老的城堡更顯得出眾。太宰府的菖蒲花是神宮類庭園水池畔極品。秋田縣八津一趟賞片栗之旅，至今回味無窮。

有了賞花的美好記憶，我對東京明治神宮的菖蒲祭，以及秩父市(Chichibu，埼玉縣)的芝櫻祭，又開始充滿了期待。

1.鳶尾花與水中倒影，如水彩畫般，有光影也有色調。
2.賞花客在紫陽花叢中，靜靜的寫著手記。
3.學童由老師帶領，漫步於紫陽花叢中。
4.芝櫻花盛景，一片紅粉紫。
5.花菖蒲祭典在太宰府神宮內水池旁展開。
6.片栗成群落，地面上一片紫色。

3

4

5

6

紫藤・菖蒲・芝櫻
片栗・紫陽花

棚架上，紫藤花正盛開。

賞花，放輕鬆

　　每逢賞櫻花盛期旅館大客滿，如果延後出發，可以鎖定「花吹雪」，享受賞櫻的極致。激情過後，當春風再起，飛舞在空氣中的粉櫻花瓣，輕輕撥弄我的面頰時，感覺平靜而舒暢。

　　花吹雪是大自然的絕妙精品，可遇不可求。我第一次欣賞花吹雪是在奈良公園湖畔。有人在茶屋內品茗。端著茶具、走在櫻樹林間，隱約若現的侍女身影，與掉落滿地的櫻花瓣，構成絕美畫面。

　　另一次在弘前公園裡，晚開的八重櫻花在樹枝上開始爭奇鬥豔，而單瓣櫻花的花瓣則撒落一地，粉紅小點不斷累積成薄薄的花毯。

紫藤花下漸黃昏

　　白居易一首「惆悵春歸留不得，紫藤花下漸黃昏」，點出紫藤的詩情畫意。

　　五月，棚架上紫藤隨著微風在眼前飄動。東北白石市（宮城縣）國民公園裡，我看到專為紫藤花設計的圓弧狀棚架，紫藤花在棚架上端盛開，像串串紫葡萄般輕輕地垂下來，搖曳生姿。

　　紫藤樹的主幹粗壯堅挺，再分出細枝。靠上方的小小

白石公園內設棚架，讓紫藤攀爬。

紫色花瓣已經全開，還露出近花柄的淡黃色。小枝末端向下垂著的小花，有的含苞待放，顏色深但體形稍小。

片栗像一片紫氈

　　五月之初乘坐小火車，沿「秋田內陸縱貫鐵道」由角館（Kakunodate）來到小村八津（Yatsu），進入「片栗群生之鄉」，野生的紫色小花是這次賞花的主角。

　　遠距離看片栗野生林像一片紫色地氈，近看片栗由筆直的細莖撐出高度，向上升再急彎而下，花瓣有六片，寬闊的綠葉則是二至四片。

櫻花大部分被風吹落，「花吹雪」也是美景。

高大的枯樹下的紫色片栗,是初春開花的野生群落。

紫色片栗在陽光下花瓣向上翻起。

　　清晨時,小花低垂,花瓣向下,果然像俗稱的「雞頭」狀。陽光照耀之下,片栗的花瓣會像康康舞孃忙著掀起裙子一樣,全部向上翻出。深紫色花瓣,格外鮮麗。躬逢其盛,賞芡花卻要注意選對時辰:早上十時到中午時分,吸足了太陽光能的紫色小花,最是耀眼奪目,展現出一天中最神氣的美景。

圖畫中,片栗盛開時花瓣是向後上方翻起的。

日本五大花賞路徑

紫藤
　　觀賞紫藤(fuji)總在春天已近尾聲時。紫藤的樹枝喜愛攀爬,多種在窗口上方,木製或鐵製的大棚架可供紫藤伸展。紫藤花有的呈藍紫色,有的泛粉紅,也有白色紫藤花串。

菖蒲
　　菖蒲(hana-shio-bu)可分為伊勢系統稱為藤袴(fujibaka-ma)、肥後系統名為舞扇(maiougi)及江戶系統町娘(machi-musume)。以明治神宮、伊勢神宮以及太宰府天滿宮內所種最為著名。

紫陽花
　　紫陽花日人稱之為あじさい(ajisai),就是我們俗稱的繡球花,英語為Hy-drangea,春夏交接時開花。

片栗
　　屬芡科,一年只開花一次,是春天的花。根莖可以磨成粉,烹調時做勾芡之用。

芝櫻
　　芝櫻(shibazaku-ra),北美洲原產,4月上旬～5月上旬之間開花,花小,有淡紫、淡紅,白色花。大規模種植,供人觀賞的有名景點在秩父羊山公園芝櫻植栽地,每年四月有芝櫻祭。

紫陽花園裡與學童一起賞花

行旅九州時看到福岡市箱崎宮(Hakozaki-Gu，又寫做筥崎宮)有花展的廣告，臨時買票進入箱崎宮旁的「紫陽花公園」。公園裡的紫陽花花園錦簇，個個像是新娘子的手捧花，難怪也被稱為繡球花。

有一些品種的紫陽花最搶眼，盛開的小花只有單單一圈，中間是球狀小花心，花像太陽，被稱為「紫陽」是最貼切的。有趣的是名為「煙火」的紫陽花，各小花隨著綠葉與小枝，由中央向上爆開再下垂。

安靜的花園被小學生炒熱了場面，戴著小黃帽的幼童跟隨著老師逐一進場，快樂活潑的氣氛，感染了現場每一個人。

雨後放晴，經過雨水洗禮的紫陽花更顯嬌美。繁花之旁，有人坐在小凳子上畫素描，連人帶花化為我鏡頭下美景。

紫陽花是常見的觀賞植

盛開的紫陽花。

物，有的民家或商店，喜歡將簡單的一、兩株紫陽花，養在小花盆中，也能呈現紫陽花朵的美艷。

池畔菖蒲倒影之美

各地神宮因為附有廣闊的庭園，經常舉辦年度花菖蒲祭典。

菖蒲是常見的觀賞植物，也很容易買來作為插花的花材。六月間我在福岡縣太宰府(Dazaifu)觀賞菖蒲花的展覽，在木橋上就近看水池中菖蒲，花美，倒影更美。

庭院裡的大水池本來是典型日本式庭院，現在將當季的菖蒲花苗用大花盆埋在水中，讓盛開的菖蒲與中等長度的綠色莖葉，正好全部露出水面。

不同花色的菖蒲放置在一起，在陽光照耀之下，綠色莖葉和花，毫不遮掩的在池中形成層次不同、亮度有別

由蜿蜒的木橋往下望，用最佳視角近距離俯瞰菖蒲。

學童與紫陽花。

看芝櫻的五片花瓣。

的各樣倒影，媲美水彩畫的調色盤，浪漫細膩卻是猶有過之。

在步道散步的行人，走上蜿蜒的木橋往下望，近距離俯瞰菖蒲是最佳視角。忘記了豔陽一直讓我冒汗，我只知道，菖蒲的水舞精采絕倫，花菖蒲祭是華美的光與水影秀。

以數多取勝的芝櫻

芝櫻的「芝」是草坪之意，指土地上低矮的草類，用來形容小花生長於地面，觀賞者要彎著腰看花。

盛開的芝櫻將有坡度的小丘，妝點得有如拼布圖畫一般有趣。芝櫻花朵小，貼近地面，以五瓣的細小花朵，鋪陳出大面積美景。

山坡地上芝櫻有如鮮豔花布。

庭園或道路旁小小角落的芝櫻，生長得紅白紫分明，已十分搶眼，如果再利用地勢，例如在小丘上廣範圍種植芝櫻，等花期一到，全數一起綻放，以各種色澤的芝櫻在地面上鋪陳出鮮豔的色塊，氣勢不凡。

日本東北地區宮城縣的白石市(しろいし，Shiroishi)曾經舉辦芝櫻花展，現場吸引許多親子團體在山坡地上同歡。北海道一帶，在六月初也是芝櫻的觀賞期。

ℹ 交通旅遊資訊 ➡

弘前(Hirosaki)
在東北青森縣，青森市之南，乘坐奧羽本線火車約40分鐘可達。從盛岡乘坐東北本線火車到青森需時約兩小時45分。而從仙台乘東北新幹線火車到盛岡，約需45分鐘。

盛岡(Morioka)
在東北的岩手縣。從仙台乘坐東北新幹線火車約45分鐘。

角館(Kakunodate)
在東北的秋田縣。從仙台乘坐東北新幹線，在盛岡接秋田新幹線火車，約需1小時30分。

八津(Yatsu)
在角館附近。從角館乘坐秋田內陸縱貫鐵道火車，不到15分鐘可達，但車班不多。

白石(Shiroishi)
在仙台附近。從仙台乘坐東北本線火車約需45分鐘。

奈良(Nara)
北鄰京都，西鄰大阪。從關西機場可乘坐關西空港線火車到大阪天王寺(約30分鐘)，轉關西本線到奈良(約30分鐘)。從京都可乘坐奈良線火車到奈良，約40分鐘。

箱崎八幡宮(Hakozakihachimangu)
在福岡市內。從博多火車站可乘坐地下鐵空港線，由中洲轉箱崎線，到箱崎宮前駅下車，不到10分鐘。

太宰府(Dazaifu)
位於九州福岡縣。由福岡博多車站坐巴士，約40分鐘可達。或從福岡的天神乘坐西鐵大牟田線到二日市，再轉乘西鐵太宰府線，約40分鐘也可到達太宰府。

佐賀縣

大分縣

日田

田主丸

田主丸 日田

秋天柿子

秋天本是食慾旺盛的季節，新鮮的柿子香脆引人，乾扁的柿乾有天然和菓子的美味。日本人對柿子特別鍾愛；「柿色」(kakiiro)用來形容帶有黃褐的暗紅色調，「柿渋」(kakishibu)指從帶有澀味的柿子搾出的液體，可以塗在木、麻或紙上，充當防腐劑。此外，新年新氣象，掛上一串風乾的柿子，還有聚財之意。

②

①

中文取諧音，常以柿子來表徵「事事如意」。飽滿圓潤的柿子，在日本也一向是吉祥食物，還有治療感冒或宿醉的藥效。

　　四季分明的日本，到了晚秋，大地彷彿全面改換為紅棕色系；層次分明的紅葉與亮眼的紅柿，最能代表秋天之美，傳統的日本俳句裡即不乏以紅柿詠頌秋天的文字。

　　收割的季節也在秋天，完成秋收，農家開始忙進忙出儲備食糧。在農宅前，我屢屢見到晒大白菜、紅辣椒、玉蜀黍串以及蘿蔔乾的景像。有些農家還會在大門口或窗台前，懸掛上一串串「吊柿」(tsurikaki)，遠看好像珠簾，正迎風搖晃，助長秋高氣爽的氣勢。實在無法照顧的柿子，農人會讓它們留在樹梢，任由鳥兒啄食。柿子樹上有鳥群棲息，也是宜人秋景。

　　冬季遊日本，晒乾的柿子則是我常買來食用的零嘴。柿乾口感Q而潤，便於攜帶也有助消化，在一般蔬菜小舖「八百屋」(yaoya)都可以買到。

③

1. 二樓的風乾柿子。

2. 有旺盛的芒草，也有裝飾用的柿子，秋景迷人。

3. 柿澀紅牛張子的材質是塗有柿澀的紙，不需要再上色，只要寫上家內安全四字就大受歡迎。

4. 柿樹上結實累累。

5. 大門向陽正好晒柿子，也晒其他農作物。

6. 不削皮可以做柿餅嗎？是吊柿？還是吊飾？

7. 柿樹上結實累累。

柿子紅了

我和妹妹陪伴母親，到日本九州福岡訪友後，搭乘JR久大線的火車，向東往有名溫泉鄉由布院(Yufuin)旅遊，並在途中下車走訪日田(Hita)小鎮。十一月初，福岡街頭的甜柿正當時令，五個一盤的大柿子叫價二百日圓，讓我們心動，妹妹建議買一盤帶走，在火車上吃。

甜柿正當時令

火車到達田主丸(Tanushi-maru)一帶，窗外出現的柿子樹果園不止一處，接近日田時，果樹更見密集。我們在日田小鎮上逛街，則不時在民宅旁看到種有柿子樹，但樹枝上常常只見柿子，不見樹葉。妹妹拾起落在地上的柿子，咬了一口，直喊：「好澀！」。

母親看到一百日圓一袋的柿子，試吃後知道柿子甜脆又多汁，高興得立刻買下。這次買到至少有五、六個大柿子。在路旁休息時，這些大甜柿全數成了我們午餐後的點心。

這一帶農家，將柿子樹上的澀柿摘下晒乾做成柿餅。

新年時，到京都北野天滿宮還看到賣柿餅(柿乾)的攤位。

紅配黃，好鮮豔。吊柿和紅辣椒一起晒乾。

商店街不遠的民宅，還有人把自家種的甜柿，以塑膠袋裝好放在門口出售。主人不露面，只用紙牌寫著「一百日圓一袋，請將銅幣放在小盒裡」。

這一來，區區百日圓，又讓我們買到十數個大而甜的紅柿，一路從由布院吃到回福岡後才吃完。

值得期待的吊柿

在鄉間漫步，看到掛在民家門前一串串的風乾柿子，最令大家興奮。

雖然只能看不能碰，更不能吃到，但第一次看到新鮮的柿子，被塑膠繩或草繩綁成像粽子般的風乾柿子，掛在竹竿上時，我已顧不得禮數，趕忙靠近民宅去瞧個究

小屋頂之上，柿子晒乾也大大縮水，早該收起來，好像被遺忘了。

秋天到了，柿子也是應景裝飾物的題材，象徵聚財，自然多多益善。

竟。近看後，發現正在接受日光浴和風乾考驗、剛掛上的柿子，全數都是削去了外皮的。

農家的人帶著笑臉，有點驚訝我們的出現，但立即好意地邀請我們走上閣樓，去看幾星期前晾在小屋簷上方的另一批吊柿，這才知道風乾後的柿子，體積只有原來的三分之一，縮了水，長了皺紋，也變得甜滋滋！

i 交通旅遊資訊

日田(Hita)
田主丸(Tanushimaru)
由布院(Yufuin)
田主丸在九州福岡縣，日田、由布院在九州大分縣。從福岡博多車站坐JR火車久大本線，約1小時可達田主丸，約1小時20分鐘可達日田。搭乘特快火車由福岡到由布院，則約需2小時半。

小物誌 日本澀柿 vs. 甜柿

生長在樹上的柿子多屬澀柿，可以用乙烯類加工處理變為甜柿，一般當水果食用的即由脫澀而來。紅柿品種很多，形狀也不同；較長型的柿子名為「筆尖柿」，只因形狀像大型毛筆的筆尖。

紅柿經過日晒風乾之後，柿子內含的水溶性單寧酸，可以轉變為不溶性，澀味完全消失，甜度反而大增，又香又Q，難怪有超高人氣。柿含果糖，晒後在柿餅表面常可見到白色結晶，即是柿霜。

九州久大本線鐵道兩旁，筑後川平原一帶果園，是「富有柿」產地，所產柿子大而圓，香脆誘人，極負盛名。長野縣伊那盆地的「市田柿」是高級名牌柿餅。兩地一在南、一在北，風土南轅北轍，所產柿子的風味自有不同。

筆尖柿也被削了皮，一個一個以繩子綁好，吊在竹竿晒乾。

在四季分明的日本，櫻花是春天來臨的訊息。山櫻是在山野裡自然生長的，早在平安時代就廣受貴族喜愛。以後，日本人手植呵護，開發出其他櫻種，例如枝垂櫻、八重櫻與染井吉野櫻等多樣品種，漸漸取代淡色單瓣的山櫻。

白天看櫻花，講究花的全開仗勢，入夜看夜櫻，就看人工營造的浪漫氛圍。賞夜櫻的地點以京都最負盛名，其他城市，例如弘前公園也可觀賞。不同的是，京都的有名櫻花多數生長在庭園裡，打上燈光後馬上有舞台秀般氣勢，弘前公園因幅員過大，較不易營造虛幻魅惑的場面。

京都的高台寺、清水寺、二条城等地，到了櫻花祭時都會開放觀賞夜櫻。祇園一帶的夜櫻最是迷人，由八坂神社進入円山公園，發現白天見到已經嫌有點過氣的染井吉野櫻花樹，在現場燈光下變得毫無瑕疵。

櫻樹下，京都市民圍坐在鋪著紅布巾的茶座，正在輕鬆的交談。櫻花夜宴的庶民氣味也是蠻有渲染力的，現場像夜市，重現了廟會時的熱鬧。平日靜悄悄的円山公園，四月賞花期間是年中最嘈雜的時段。大家共同的目標是「祇園枝垂櫻」花樹。大樹為第二代，子承父蔭也有八十歲了。守護者佐野藤右衛門的名牌還寫在樹旁。

名作家與謝野晶子曾經為祇園枝垂櫻做了一首詩：「清水へ祇園をよぎる櫻月夜　今宵逢ふ人みな美しさ」。意譯：「有櫻花的月夜，經過祇園前往清水寺，今晚所遇之人都覺得很美」。祇園枝垂櫻到夜晚顯得妖艷多姿，比白晝時更美，所以別名是「祇園的夜櫻」。

1. 高級茶屋是町家古建築，燈光下枝垂櫻花樹變成了主角。

2. 寺廟旁有山櫻陪襯也別具風情

3. 枝垂櫻花像粉紅色瀑布般，由半空灑下

春賞 櫻花

當櫻花盛開時

我在吉野山(Yoshinoyama)山谷裡，走進高大茂密的櫻樹林，還從樹幹與葉縫之間欣賞對面山林裡的山櫻樹。走過身旁和我打招呼的路人說：人稱吉野山櫻花日本第一，名不虛傳！

由茶座上望出去，好一個「一目千本」！

古老的山櫻在吉野山怒放

吉野山位於奈良縣「大峰連山」群山裡，有小山路與其他山谷相連，適合環山賞櫻。因為標高有三百～八百五十公尺，氣溫較低。

吉野山在奈良時代即以山中寺廟眾多而聞名，吉野山僧侶種山櫻樹的歷史，比京都建城還早。

找到一處凸出於山谷之間的座位，茶座的木牌上寫著「一目千本」四字，意即一眼能望斷千株櫻花樹，讓我不禁叫好。山櫻花樹豈止千株，有多達數萬株吧！

每逢四月中旬，吉野山的櫻花開始由山下往山上逐日綻放。因為不同高度地區而產生的賞花期，相差可至三星期。吉野山最高處名為上千本，中高地帶稱中千本，山腳為下千本，還有最深處的「奧千本」。

日本文學或歷史常提到吉野山，主要原因是名將源義經（Minamoto no Yoshitsune）曾與女伴靜御前逃至吉野山內避難。

獨沽一味，單株櫻花的魅力也難擋

單株櫻花樹將一身菁華全力釋放，搏命演出，再在極盛之時風光落幕。盛岡地方法院內的「石割櫻」(いしわりざくら，ishiwari zakura)，

往吉野山中千本途中，對遠處山林裡的山櫻充滿期待。

飛驒一之宮的人孔蓋，以臥龍櫻為主要圖案。

由周徑為二十三公尺的大石塊的石縫裡迸出一株櫻花樹。這是三百年多年前盛岡藩主南部氏家族創造出來的奇蹟，該景色就像把大石頭割開長出櫻樹而得名。

飛驒一之宮(Hita-Ichinomiya)則是名不見經傳的JR火車站，在高山本線上，離飛驒高山市(Hida-Takayama)不遠。火車站之北有一處小公園，櫻花季一到，連我在火車之內都看得出前方熱滾滾的人潮，特地下車，向一株元老級的「臥龍櫻」(がりゅうざくら，garyuzakura)致敬。

一千一百歲的老櫻花樹不服老，枝幹往橫向發展，長在山坡地上，壯觀養眼。叫它「臥龍」，它可是生意盎然。聽說老樹也不是一向健朗，最近經過土壤改良，體質變好才又能年年開花。

柿右衛門窯元枝垂櫻花夠貴氣，加上是八重櫻種更屬少見，老樹生命力之旺也令人讚賞不已。窯元位於佐賀縣有田市。

小物誌　日本櫻花品種

八重櫻

八重櫻是里櫻(sato-zakura)中，開花時有多重花瓣品種的總稱。由苞期至全開，費時二、三星期，比其他單瓣櫻花品種延遲花期，也更持久。

染井吉野櫻

因為被種植在公園、河堤甚至道路旁，可以說是庶民級櫻種。盛開時形成櫻花隧道的，多數就是染井吉野櫻。花呈淡粉紅或白色，先開花再出葉。

石割櫻

彼岸櫻樹(higan zakura)品種，櫻花色白或呈淡紅，略帶紫色，花期在四月上旬。因巨石的保溫作用與養份，石割櫻花樹長得茂盛又有較早的花期。

臥龍櫻

臥龍櫻屬江戶彼岸櫻(Edo higan zakura)品種。本來應在本州以西較為多見，為落葉小喬木。春初開花，淡紅色，花有五瓣，花開後再出現樹葉。

枝垂櫻

枝垂櫻的樹枝較長，樹幹粗壯，花朵與樹枝一起垂直向下，樹枝由樹幹高處向外擴散再垂下，與垂柳極為相似。有單瓣和多瓣等不同品種，花期較晚。

山櫻

山櫻樹可以高達二十～二十五公尺，開花時與葉一起出現，嫩葉是淡褐色的，細瘦而小，粉紅與淡褐相混，近看有質感，遠看則以層次取勝。

春賞櫻花

櫻花中的貴族，枝垂櫻

枝垂櫻(しだれざくら，shidare zakura)最具貴氣，京都平安神宮(Heianjingu)神苑裡的「紅枝垂櫻」就是一例。

平安神宮為紀念桓武遷都京都一千一百年而建，神苑裡的櫻花樹是顏色較濃的粉紅枝垂櫻花種。繞著水池走到長橋，我看到在竹製的傘型支架支撐之下，盛放的櫻花沿著細枝在半空中飄動飛舞，而水池內的水，掩映著白雲和淡紅的花影，更將庭園妝點出詩情畫意無限。

賞花時，看到有人穿著高雅的和服出現，我會投以讚賞的目光，覺得和服穿脫都是大事，能鄭重其事穿出來亮相，和服的丰采和庭園裡的櫻花又是如此相得益彰，應該鼓勵。根據售票小姐的說法，穿和服入園，可減免入園費六百日圓。

平安神宮的櫻花盛景，在

平安神宮以建築的綠屋瓦、紅木柱與粉嫩的枝垂櫻花搭配，分外典雅。

濃豔的角館枝垂櫻花，有豪門做背景。

谷崎潤一郎的小說《細雪》中早有著墨。

每逢花季，位於東北地區的角館(Kakunodate，秋田縣)，古老的櫻花樹在莊嚴肅穆的武家屋敷大道上施展魅力，豪宅黑色木牆裡碩大的櫻花樹，大膽地從高處撒落下千千萬萬的粉紅色櫻花！

漫步街頭的人，都能感受到垂枝櫻花在半空中的賣力演出。靠著粗壯的樹幹與樹枝，枝垂櫻花彷彿要將一年中最亮麗的花球一起傾瀉而下，有若花之瀑布，萬種風情人人迷。

枝垂櫻花樹苗在1664年曾是京都貴族三条西家女兒嫁至角館佐竹家的陪嫁物，代表由遙遠京都帶來的祝福。

春遊平安神宮庭院，枝垂櫻花美景將水池染成水彩畫般多采多姿。

夜櫻場面溫馨，花下民眾正在飲酒小聚，顯得自得自在。　華燈初上，房間裡茶宴正在進行中，我則在窗外欣賞夜櫻之美。

夜櫻之美妙如詩

入夜後，祇園一帶以花見小路最具魅力。我取道自有紅黑牆壁的茶屋「一力」(又稱萬亭)，通過一條充斥著小茶室、料理店的路段，來到四条通北側的白川南通。一力茶屋名氣大，是以藝伎陪伴招待貴客時的首選。

由正門觀之，高級茶屋總是庭院深深，建築呈現古京都町家風範，大門前掛著暖簾與大紅紙燈籠，門旁不遠處仍放有竹子編成的「駒寄せ」(こまよせ，komayose，又稱犬矢來，いぬやら

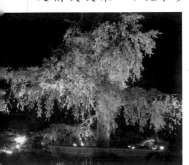

祇園夜櫻名不虛傳，在円山公園裡，我見猶憐。

い，inuyarai)，曾是綁馬之處，現在純裝飾用。

櫻花祭一到，點上特效燈光的白川運河畔，瀰漫著旖旎風情。小路鋪著石板，沿運河還有整排垂柳以及枝垂櫻花樹，許多高級茶室沿運河而建，入口向著大街，裡面房間的窗外是運河。隔著

河寬可看到茶室房間內酒宴正酣。

白川運河畔充滿風花雪月的情趣，鏡頭之下，櫻花與屋內藝伎陪酒一樣清晰可見，藍得發紫的天空，也顯得精采繽紛。京都白川河畔賞櫻，登上我心目中賞櫻排行榜的第一名。

ℹ️ 交通旅遊資訊

吉野山(Yoshinoyama)
從京都乘坐近鐵線特急火車到橿原神宮前駅(有的要在稍前的八木駅轉車)轉車到吉野駅下車(前段49分鐘，1730日圓，後段40分鐘，960日圓)。從吉野駅附近可乘纜車到吉野山駅下車(5分鐘，350日圓)。

盛岡(Morioka)
在岩手縣內。從仙台乘坐東北新幹線火車往北，1小時20分鐘即可到達盛岡。

平安神宮(Heianjingu)
在京都市內，位於京都駅的東北方，可乘坐京都市5號公車前往。

円山公園(Maruyama koen)
在京都市內，位於京都駅的東北方，可乘坐京都市18號、206號公車前往，在祇園站下車。

白川運河(Shirakawa) 花見小路(Hanamikoji)
在京都市內，京都駅的東北方。可乘坐公車至祇園站下車，然後在四条上往鴨川方向步行約3分鐘，就碰到與四条垂直的花見小路，在花見小路上往北走，約10分鐘，可達白川運河畔。

飛驒一之宮(Hida-Ichinomiya)
從名古屋駅乘坐高山本線特急火車，約2小時10分鐘可到達高山市，5440日圓。從高山駅乘坐普通車倒回走一站，就到飛驒一之宮，需時18分鐘。

角館(Kakunodate)
角館在東北地方北部。乘坐秋田新幹線火車，從仙台到角館，約需1小時30分鐘。

北海道——
薰衣草
馬鈴薯花

富良野
美瑛

盛夏的美瑛和富良野,遠山的積雪僅有一點殘留,綠色的大地開始冒出顏色,像由紅白紫不同色彩組成的百衲被,又似隨著丘陵起伏的拼布圖,廣闊得無垠無界。雲淡風輕,陽光照耀之下,菜田化身為繽紛的粉嫩花園。北海道的農人是畫家,也是魔術師,一年一度的花田表演秀正式登場。

富良野種植薰衣草的歷史相當早,但曾一度蕭條不振,靠幾家農場苦撐,後來多虧國鐵JR以紫色薰衣草海報在日本各地流通,才引起大迴響,遊客接踵而至。現在,富良野以及位於它北側的美瑛,已是盛夏時日本旅遊首選。

美瑛觀景區以JR美瑛火車站為界,分有東西兩條路線。西路線沿著237號國道公路走,沿途可看到小麥田、甜菜田、蘆筍田與馬鈴薯田。五月～十月間,正是花開最盛之季。美瑛是丘陵地,斜坡上見到的是不同色調的花草,像拼布畫一般迷人,是パッチワーク之路(patchwork road)命名的由來。東路線視野絕佳,最遠可望到連綿於鐵路東側的高山群。這是十勝岳(とうかちだけ,Tokachidake)山脈的盤踞地,東路線因而被稱為パノラマロード(panorama road)。遠山群峰與花田相映成趣,此路線可由JR富良野線美馬牛車站向東行。

馬鈴薯田很少引人注目,可能是花季不長,集中在盛夏開花之故。當眾多小白花全數由深綠色的莖葉中探出頭,鋪陳於田埂最上層時,既整齊又壯觀,夾雜在一塊塊不同色調的紅花紫海中,毫不遜色。北海道產馬鈴薯,小而圓、風味極佳,深得我意,看它開花時的美麗清新,更令人感到驚喜。

3

1.除了浪漫紫色，薰衣草也可以是無瑕的白。　2.金黃色的麥田，以及令人矚目的馬鈴薯花田。　3.無數的美景鏡頭，都是在大雨滂沱下完成的，這一張，遠景花田像極了拼布圖，近景是嬌豔欲滴的花朵。　4.美瑛的花田在丘陵地上展現，Seven Star 柏樹遠看更美。　5.甜菜田是近景，小麥田特別紅。雨下得再大，也要走近看看農人的新把戲。

4　　　　　　　　　　　　　　　　　　　　　　**5**

薰衣草
馬鈴薯花

夏遊北海道　愛上粉紫花毯

七月中旬以後，位於北海道中心旭川(Asahikawa)一帶，賞花客達到高峰，大多數由旭川前往美瑛(Biei)及富良野(Furano)。

防風林出現，小麥、甜菜與馬鈴薯花田加入搶鏡頭。如此畫面，只有在Mild Seven之丘得見。

北海道真正的中心點在富良野，駕車通過束經142度23分，北緯43度20分的地點，可以免費領到證明書。在離此中心點只有四百公尺的富良野小學，只能看註明有中央經緯度的觀測標，還有大號「へそ祭り」(heso-matsuri)娃娃，臉部大、身體小是特徵。看了照片，我才明白每年七月二十八日舉行的「へそ祭り」肚臍眼祭典時，居民會拉起上衣露出腹部，在上面畫上臉孔五官，跳舞娛人。富良野JR火車站月台上，也有紙製大玩偶。

美景❶
防風林也入畫

沿著公路，廣大的丘陵地坡度稍大，其實並不利於騎腳踏車，但斜坡讓美瑛花田的美姿更加上鏡頭。我們以小汽車代步，徜徉於圖畫般美景之中。

遠處密集的防風林這時出現了。這一帶被稱為「Mild Seven之丘」，因為曾經是香菸Mild Seven的廣告畫面。隨著彎曲的道路，防風林由清楚轉為朦朧，才注意到山雨將至，雲層逼近。

北海道中部溫差極大，旭川是冬季溫度最低城市，夏季時也比其他地區溫濕多雨，農業興旺。此行我們不時遇到傾盆大雨，然而雨後的花及遠山，反倒變得更加青綠可人。

美景❷
香柏樹是Seven Star之木

大雨之中在柏樹下歇腳。

富良野車站裡的肚臍眼祭典娃娃。富良野位置如同肚臍，在北海道正中央。

柏樹身影曾被香菸廣告採用，有「Seven Star之木」別稱。

小物誌 薰衣草與馬鈴薯花

薰衣草(ラベンダー)是高經濟收益作物,可以觀賞及製作香精肥皂。富良野一帶的薰衣草至少有四種品種:供化妝品及香料使用的品種,對寒氣很敏感,栽培量較少;花期在六月下旬～七月中旬的早發品種為「濃紫早咲」,花穗較短,但色濃而適合觀賞之用;另有專供製作香精的品種,薰衣草油量足,香氣濃;最常見的是晚開花品種,稱為「おかむらさき」(okamurasaki),花期長達一個月,由七月中旬～八月中旬,花穗長,花朵較大而色濃,是目前各農場的主要品種。

馬鈴薯(じゃがいも,jagaimo,又作「爪哇薯」)是地下莖,十六世紀末時由南美安底斯山傳入的品種,稱為男爵芋(danshakuimo),已成為主要的北海道產物。馬鈴薯花的花期為盛夏七～八月間。花朵細小,數大為美。顏色是白中帶粉紅,也有紫色花朵。

晚開花型薰衣草。　　馬鈴薯花

樹大好遮蔭,此地樹景也曾被香菸廣告相中。這一帶花田之美像名畫,農人將大地塗抹上不同顏色,還種上幾株大樹,增添曲線之美。

站在柏樹下,遠處在天際之間又出現了兩株大樹,一寬廣,一高瘦,像兩位巨人在把關。七〇年代日產汽車Skyline的廣告也曾使用美瑛花田,廣告畫面內有樺樹,被命名為Ken與Mary。

美景3
愛上粉嫩的馬鈴薯花

我在札幌時已領教了北海道馬鈴薯的美味。馬鈴薯小型而皮薄,據說是改良後的安底斯種,源自南美洲安底斯山脈(Andes)。

美瑛的馬鈴薯不知是否同樣美味,但此刻周遭的馬鈴薯田真是美得令我陶醉。正趕上馬鈴薯花盛開期:一排排整齊的綠,灑上無數粉紅色花朵,粉嫩小花數量一多,震撼人心的畫面就出現。

該感謝農人,將馬鈴薯樹苗種植得整齊劃一。

薰衣草
馬鈴薯花

十勝岳與天上的雲彩占據了上端畫面，一點也不比山坡地上的紫遜色。

美景④

前田眞三大師的拓眞館(Takushin kan)

位於panorama road路線上的拓眞館，是一幢白色森林小屋，免費入館。展示清一色是攝影大師前田眞三的作品。住在美瑛的前田，透過鏡頭將四季美瑛的風貌拍攝下來。

現場的照片從日出至日落，有烈日當空時奇景，也有大雪時或雨中風貌，美瑛景象的多變，令人著迷。

前田真三拓真館門口。每日來訪的人不絕於途。攝影大師將一年四季不同風貌的美瑛富良野，一次納入拓真館內。

美景⑤

富田農場(Farm Tomita)

夏季時，旭川、美瑛與富良野之間增開JR觀光列車，是慢吞吞的懷古型，沿途還有女車掌解說。「薰衣草田」（ラベンダー一畑）臨時站設於中富良野及上富良野之間，下火車後步行十分鐘即可到達富田農場。

占地極廣，富田農場爲富良野薰衣草農場的老大，進入農場免費，大批遊客穿梭於農田小道。

晚開品種薰衣草，花朵大且集中，呈現一片濃紫色。迷戀著滿目深紫，我們心中充滿百聞不如一見的喜悅。

薰衣草品種不同，各具丰采。白色薰衣草也夠迷人，

加上其他紅、黃、粉紅色各種花卉，讓眼睛有如吃冰淇淋般過癮。農場裡賣香水，也賣各種薰衣草製品。三角形屋頂的建築「花人之舍」之內，還有薰衣草蛋糕！

美景⑥

看十勝岳連峰撥雲見日

車行向南接近富良野，位於東方的「十勝岳」高山開始出現於視界，由北向南的高峰有一連串：美瑛岳標高二千零五十二公尺，十勝岳二千零七十七公尺，富良野岳一千九百一十二公尺，前富良野岳一千六百二十四公尺。眾山岳聯成一氣，想分辨個別山頂很難。

靠近上富良野的深山峠

農人用麥桿堆成的造型人，感覺比一般稻草人神氣許多。

交通旅遊資訊

富良野(Furano)、美瑛(Biei)

富良野在JR富良野線上，由旭川至上富良野需50～60分鐘，旭川至中富良野則需1小時10分鐘。觀光列車ロッコ号行駛於富良野、美瑛與旭川之間，在6～10月時通車。

Highland Furano民宿
- ✉ 富良野市島之下區
- ☎ 0167-22-5570　FAX 0167-22-5704
- ➡ 由JR富良野車站乘坐「ハイランドふらの行き」(往Highland Furano)方向之巴士，15分鐘可達

拓眞館(Takushin kan)
- ☎ 0166-92-3355
- ⏰ 09:00～17:00(11～4月10:00～16:00)
- 💲 入館免費

北海道地區鐵路乘車券
(Hokkaido Rail Pass)
- ℹ 可在出發前購買，也可到日本後，在新千歲機場及札幌、旭川、函館、釧路、帶廣的各地JR火車站旅行中心選購，限外國旅客，憑護照及簽證購買。3日票普通車14,000日圓，5日票普通車18,000日圓，可使用於指定席特快車及部分JR巴士。不限次數。

(Miyama toge)是山路最高點，本來最適合遠眺十勝岳，無奈遇上大雨，就近參觀了「深山峠ラベンダーオーナー園」(Miyamatoge lavender owner garden)後，大呼不虛此行。

園內的薰衣草是可以認養的，出資一萬元日幣，可以做至少五株薰衣草的主人一年。薰衣草株之旁，有寫著主人名字的小牌，認養人常來農場就可以瞭解自己的小樹開花狀況，店主則以香油或乾燥薰衣草回贈。

整趟旅程我們停留在富田農場最久，看著雄偉的十勝岳由烏雲罩頂到模糊不清，最後豁然開朗，以翠綠山巒美景回報。

美景7

擁抱紫色花海入夢，夜宿Highland Furano民宿

美瑛及富良野的民宿，數量多得讓人舉棋不定，友人提議坐巴士才能到的Highland Furano民宿，可以住在農場之內，把薰衣草看個夠。

Highland Furano民宿遠在西南方，森林小屋畔，大片農田裡除了薰衣草，還是薰衣草，早晚都可觀賞。我們在農場裡散步，小心翼翼地走在薰衣草株之間小徑，對店家推薦的露天溫泉反而興趣缺乏。一夜好夢，夢裡全是深紫色的薰衣草！

來Highland Furano農場過夜是妙招，民宿內農場與喧嘩絕緣，晚開型薰衣草顏色最濃，我要好好擁抱這片紫花。

由布院
京都府
京都
滋賀縣
大分縣
石山

京都
石山
由布院

秋染楓紅

紅葉(koyo)在日文中是秋季變色葉的總稱。秋天是思念的季節,也是味覺最敏感的季節,更是感恩的時令。鮮豔紅葉的催生者是強烈的太陽光。紅葉祭的延伸,則是表達對太陽成為大自然導師的感謝。比起賞櫻花,日本人在紅葉繽紛時不再喧鬧,各地舉辦運動會或遠足等活動,內省、修身氣氛較濃。

晴朗的秋日,陽光依舊耀眼,對愛好攝影的人而言,能捕捉到一年中最華麗斑斕的各類變色楓葉,是最大的幸福。順暢成功的「紅葉狩」(もみじがり,momijigari)大多要到陽光足、水分夠、溫差大的溪谷裡去尋覓。

秋天多細雨,在放晴時,陽光穿透樹葉,葉子閃爍著亮光。秋風吹來,將露水挽留在紅葉上指尖一般的透明小球,何等典雅;參道、石階、苔地上散落的紅,池水上浮載著輕巧的葉,何等悠閒;茶庭裡的紅桌巾、紅色的風流傘,早已相形見絀。撥開輕巧的紙門,迎面一株楓紅,馬上滿室秋意。

攝影達人告訴我,一片小小的紅葉,是無數色彩與濃淡光影的集合體,比起歐美及中國人士賞楓講究整體,日本人對紅葉既憐且愛,喜歡接近。日本品種的紅葉,又特別在乎葉片的小型而有形;像蛙掌(kaerude)般形狀的楓葉(稱為kaede),要有深而明確的分歧,葉的邊緣要有細微的鋸齒。如此這般,要照一張堪稱完美的紅葉照片,天時地利與人合,缺一不可,比拍攝櫻花,更是得來不易。

京都大原三千院楓葉祭。　2.深秋裡，周遭一片寂靜，聽得到落葉的聲音。　3.民宅就在紅葉森林之中。　4.這時通天橋中心點人口密度最高，紅
舞台也正賣力上演。　5.琵琶湖南石山寺美麗的御影堂在楓紅之間。　6.平分秋色？銀杏與紅葉，哪一種變色葉較美？

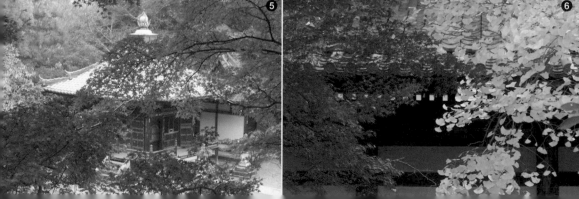

秋染楓紅

今年此地楓葉美景第一名，非好好照張相不可。

秋楓染紅半邊天

　　京都東福寺(とうふくじ，Tofukuji)廣大的庭園建構在山澗溪水之上，形同幽深的溪谷，楓紅有如正在燃燒的火焰般絢麗；南禪寺(Nanzenji)有疏水道通過境內，紅葉和銀杏將古樸的佛寺點綴得如詩如畫。名園涉成園(しょうせいえん，　Shoseien)人跡較少，園內的印月池將楓紅映入水中，池中紅葉和銀杏倒影絕美。琵琶湖南端的古剎石山寺，展現多變的楓情，媲美紅霞。九州由布院金鱗湖(Kinrinko)畔，也被紅葉妝點出夢幻多彩的美景。大地知秋，換成紅棕色調為金鱗湖再增色豔。

熾熱的通天紅葉──京都東福寺

　　那年秋天，京都JR火車站的「紅葉前線」情報告訴我，東福寺拿第一名，南禪寺緊追其後，清水寺的紅葉屈居第六。海報以貼上葉片來報導最新紅葉動態，貼了綠葉表示未成氣候，同時貼出綠葉和紅葉是指一、兩星期後去正好，全數貼的是紅葉時，賞楓行動就得及時把握了。

　　周圍都是賞楓遊客，我眼中只有紅黃變色樹葉。日本楓葉雖有上百種，但常見的都屬小巧型。我不明白楓樹品種，只將紅葉用顏色來分，有的紅得通透呈現紅酒色，有的紅中帶黃。黃金色的銀杏，葉片呈扇形，與楓樹的紅葉爭豔麗，卻是平分秋色，難分軒輊。

　　紅葉、銀杏合一的美景，呈現在東福寺的每一個角落裡。東福寺的名字，來自奈良的兩大寺院，由東大寺與興福寺各取一字合成，幅員有十六萬五千平方公尺之廣，位處東山連峰之南，近有月輪山，又有溪谷洗玉澗(Sengyoku kan)，三之橋川是小溪，潺潺流過，跨在小河上的是木橋，名為通天橋。

　　東福寺的溪谷向陽，河水帶來溼度，地勢由低而高，「通天紅葉」在有山谷、河水、橋的優異條件下，年年在紅葉排行榜上名列前茅。

紅葉舞秋風，陽光溫暖了綠葉，讓它改換紅衣。

法堂的屋頂外側，銀杏樹的金黃色葉最搶眼。

佛寺之美有紅葉加持，更加迷人。

我被人群擠著向前，慶幸看美景時只需要用仰角。朝著通天橋位移，看眼前的楓葉像奇蹟般變色，幾近完美，陰涼處還有綠，也生意盎然。

走上通天橋，轉變成往腳下欣賞美景。通天紅葉太神奇，我只能用有如點燃的火把一般，來讚許那片熾烈而隨風翻滾的紅。

紅葉盛景，讓人想到火燄般熾熱情緒。

詩情滿懷的紅葉——京都南禪寺

南禪寺內的銀杏與楓樹，搭上秋涼的便車，樹葉紛紛轉紅或變黃，周遭也是絕美，與東福寺的截然不同。

南禪寺的紅葉樹似乎為每棟寺院建築而運轉；入口三門兩旁高大雄偉的變色葉樹顯得氣宇軒昂。看午後陽光射在細密而小的紅葉上，更為紅葉營造出層次感傾倒。

友人說：「滿山織錦般秋楓，不如樹與葉之間悄然透露出來楚楚可憐的朱紅。」

轉至後院水路閣，磚牆旁只見數株細弱紅葉樹輕輕相依偎，更襯托出此疏水道的沈穩與落寞。

小物誌　紅葉前線

十月初旬，紅葉由北海道開始，依序出現到九州之南。日本氣象廳每年會製作圖表，報導各地紅葉狀態，以利遊客。網站上公布的以地區為主，如果想知道鄰近風景區紅葉狀況，到火車站內查詢最為準確。以京都為例，開往京都的火車沿線小站，常會出現很詳細的指示表。

各地紅葉盛況不同，賞楓要即時。

紅葉前線的海報，為薄紙一張，貼在站長室門前，但報導經常換新。將數個景點一齊列出，更可由紅葉的點數，看出今年哪一個地方最紅！簡直是紅葉成績單揭曉。

擬寶珠與石山寺內的紅葉。

古色古香的石山寺，加上紅綠黃葉，美如詩畫。

美景 3

迷人的楓紅倒影——京都涉成園

清晨走入東本願寺附近的「涉成園」，體驗到在池泉回遊式庭園裡賞紅葉的樂趣。

學者賴山陽(1780～1832年)寫「涉成園記」，曾推薦涉成園十三景，印月池、傍花閣、縮遠亭、回棹廊及漱枕居等，都在名單之中。

印月池內有彩虹狀小橋，又有紅葉妝點，像浪漫詩篇。變色葉是顏料，揮灑自如，在池中施展，變出萬千水彩畫傑作。陽光剛露臉，池水上圓形的光影與紅黃綠色塊不斷糾纏，亭台樓閣倒影忽明忽暗，楓情濃郁得化不開。

美景 4

古剎賞楓的情趣——琵琶湖南石山寺

石山寺三門內的楓紅實在太吸引人，讓我欲罷不能。

石山寺座落在滋賀縣大津市石山町，位於琵琶湖最南端，東側是瀨田川，西北有山，依山傍水面向東南，海拔卻不高。相傳紫式部曾在此寫出遺世巨著《源氏物語》。奈良時代就有的古寺，有遮掩不住的氣勢。

本堂、觀音堂、御影堂，多寶塔等佛寺建築，一座比一座更在高處，楓樹充填在石階與佛堂間，千姿百態的紅葉化為絕景連連。寧靜莊嚴的古剎有楓紅陪襯，相得益彰。

涉成園在秋陽之下，更顯風情萬種。

這不是枯山水，是陽光與紅葉構成的圖畫。

明朗金秋行——
九州由布院金鱗湖

大分縣由布院(Yufuin)的金鱗湖，以溫泉湖聞名。十一月上旬，冒煙的金鱗湖煥然一新，周遭大地被紅色渲染，湖水變爲調色盤一般，輪番展現各種線條與多層次的紅與黃。

由布岳(Yufudake)是金鱗湖源頭，我們從市鎮中心一路向北，由布岳山頭一直是指標，看它在紅葉樹梢遠處露臉，山腰處色彩豐富，心情更加舒暢。

進入湖區，先看到部分湖水及大批遊人，就已經迷上眼前紅葉美景。湖面呈現由各種大地色彩交織而成的畫

龜乃井別莊內的楓景，高貴幽靜的氛圍令人陶醉。

楓林裡有野餐桌，甜柿的滋味還在唇齒之間。

面，高大的楓林在天際，滿地的落葉在腳旁。在野餐桌上享用甜柿，再沿著廣闊的金鱗湖畔走一圈，從未料到金鱗湖畔的秋景，可以比任何豪宅庭園更震撼人心。

金秋帶來舒適涼爽的天氣，走向附近高級旅店兼餐廳「龜の井別莊」，工作人員忙著將落葉掃到一邊，我則仰望著繽紛燦爛的紅葉，衷心感謝大自然的恩賜。

交通旅遊資訊

由布院(Yufuin)
由布院是久大本線(久留米至大分)的大站，較接近大分市。從福岡經久留米至由布院的「由布院之森」特快車，約需2小時15分鐘。

龜の井別莊(かめのいべっそう，Kamenoi-besso)
✉ 大分郡湯布院町大字川上 2633-1
☎ 0977-84-3166
➡ JR由布院火車站向北步行約25分鐘

石山寺(Ishiyama-dera)
由京都乘坐東海道本線可達石山寺站，約需15分鐘，再改乘京阪巴士往石山寺方向，10分鐘後在石山寺前下車。

南禪寺(Nanzenji)
在京都東山地區，京都駅前有5號巴士可達。

東福寺(Tofukuji)
在京都火車站東南方，從京都駅前往，可搭乘208號巴士。

涉成園(Shoseien)
在京都車站附近，位於六条與七条通之間，背面緊鄰河原町通。從京都車站步行15分鐘可達。

湖水當油畫布，各色樹葉與倒影相對應，大地色彩豐富。

網走
北海道
十勝川
釧路

北海道——
丹頂鶴
白鳥·流冰

釧路
十勝川
網走

北海道素有大自然寶庫之稱。釧路(Kushiro)漁產豐富，是野鳥生息地，吸引丹頂鶴、白天鵝及野鴨等飛來過冬。道東的兩大給餌廠，因為當地人士熱心而持續餵食丹頂鶴，也發展成今日的丹頂鶴保育中心。道東臨鄂霍次克海與俄國的領土遙遙相對，流冰因氣溫低而結塊，又因海水的流動及水溫的調節，出現於東海岸線。巧克力的品牌名「白色戀人」，也適用於形容丹頂鶴、白鳥及流冰。

坐在觀賞流冰的火車裡，聽隨車女解說員提到北海道的「冬三白」。窗外到處鋪著厚厚的白雪，遠處是飄浮在鄂霍次克海上的流冰，筆直的白樺樹向車後退去。我以為北海道冬三白是白雪、白樺、流冰，但她說：「丹頂鶴、白鳥和流冰才是正確答案。」原來，看丹頂鶴在眼前跳求偶舞，在破冰船上靜觀流冰移動，欣賞尊貴如公主般的白天鵝上岸搶食，才是最吸引人的北海道「冬三白」！

丹頂鶴來自中國東北，但受到日本人的特別關愛。北海道東南的釧路因為長年以來，官民一體保護、甚至培育丹頂鶴，讓釧路濕原(Kusiro shitsugen)附近，成為人們口中丹頂鶴的故鄉。每年十一月開始，優雅的白天鵝由西伯利亞等地區成群結隊飛來，在北海道境內的屈斜路湖、十勝川溫泉等地方出現。位於帶廣(Obihiro)郊區的十勝川溫泉，還推出為期二、三個月的白鳥祭。

北海道東北岸的網走(Abashiri)、紋別(Monbetsu)及宇登呂(Utoro)一帶，因低溫形成白色大地。寒風使表面凍結的海水變重而往下沉，深層的海水向上湧昇，在海面上形成冰塊流動的景像，流冰伴隨鄂霍次克上洋流滾滾而來。觀賞流冰的破冰船應景而生，但常會因天候與流冰情況停航，能夠看到難得完美的流冰場面，旅人心情是雀躍與興奮的。

❸

❹

❺

❻

1.白天鵝伸長脖子喝水，比賽看那一個脖子長。　2.今年流冰盛景很可觀。　3.雙鶴舞的美妙，難得一見。求偶舞才開始，別亂了腳步　4.阿寒國際鶴中心建築新穎，以研究丹頂鶴生態而國際知名。　5.看在麵包份上，白天鵝顧不得形象，也不怕生了。　6.北極光號是一艘流冰觀賞船。

丹頂鶴
白鳥・流冰

餵食時間到了，在半空中的老鷹，正觀覦著丹頂鶴群的午餐。

北海道「冬三白」

北海道冬季最令人懷念的「冬三白」之一，是有「雪地裡貴婦人」之稱的丹頂鶴(たんちょうづる，Japanese crane，學名Grus japonensis)。你可以在任何季節裡看到丹頂鶴，可是，當一群黑白分明、高高瘦瘦、頭上頂著血紅肉冠的丹頂鶴，在不遠的雪地與荒原之中，一會兒展翅、一會兒跳躍、一會兒舞動時，眾人只能讚嘆癡迷。

丹頂鶴舞姿曼妙

歸功於地方的長期給餌活動，丹頂鶴每年都會定期由中國東北或朝鮮半島飛來釧路一帶，目前估計有高達八百隻的丹頂鶴來到此地。

在釧路附近，丹頂鶴的天堂、餐廳兼舞台共有四處：一在鶴居村(又名伊藤丹頂鶴保護區)、另一在鶴見台，另一在釧路市丹頂鶴自然公園，還有一處較接近阿寒湖，稱為「丹頂之里」(又

阿寒國際鶴中心內，石碑上詩歌紀念皇太子賞丹頂鶴之行。

稱阿寒國際鶴中心)。四處都因為長期且定期餵食，每年會發現許多丹頂鶴的聚集。其中，丹頂之里規模大，而且發展出丹頂鶴繁殖行為的觀察、溼地利用的調查，及人工孵化等研究。

阿寒國際鶴中心的攝影地點狀況良好，有小屋可供烤火暖身進補，還可以在三個不同的高度取

如此美妙的丹頂鶴求偶舞，難得一見。

景，難怪我遇見很多來自遠地的拍照客。此時長鏡頭必備，腳架一字排開，只要鶴群一有騷動，按相機快門聲此起彼落，我也會馬上亂彈打鳥，依樣畫葫蘆跟著搶鏡頭。

要欣賞上百隻丹頂鶴在雪地裡跳求偶舞的美妙，必須選擇每年二月～三月嚴冬時節。固定餵食小魚的時段，則是每日上午十點半及下午兩點半。餵食時，不速之客如老鷹及白天鵝等，會出現在丹頂鶴旁。

我一直誤以為幅員寬廣的釧路濕原，才是尋訪丹頂鶴理想之地。當地的人說丹頂鶴很適合居住於濕原的環境，但是在濕原裡很難拍攝到丹頂鶴。我們能欣賞到丹頂鶴珍貴的舞姿，應該感謝這一帶人長期餵食的愛心，使丹頂鶴每年回訪。

第一Hotel在十勝川河畔不遠處。

第一Hotel內提供麵包以便餵食白天鵝。

醜小鴨與白天鵝

白鳥(はくちょう，hakucho)就是白色的天鵝，學名Cygnus cygnus。

十勝川溫泉是路線巴士的終點，要賞白鳥應該提早一站下車，即附近唯一的溫泉旅館第一Hotel前。創立於1934年的第一Hotel，還十分貼心的免費供應麵包，供餵食白鳥之用。

我第一次近距離看白天鵝，看清牠有黑色細眼，腳上有黑色的蹼，配以雪白色羽毛，真是黑白分明。黑色鳥嘴的上方呈橘黃色，介於口部與眼睛之間，顏色最為亮眼。

天鵝的頸部長是特徵，站在河岸邊喝水時，脖子伸得很長，與平時優雅的姿態差太多，形象因而大大破壞。成年天鵝羽毛白，幼鳥的羽毛則灰色帶褐，反而顯得突出。十勝川河水結冰，但仍有淺灘，白天鵝不時掙扎著爬上結冰的水面，動作有趣極了。

白天鵝的腳，在水中是難得一見的，看到白天鵝雙足走在陸地，搖晃著走近搶食，臃腫的身軀配上短腳，簡直像大白鵝，我不禁懷疑這些白鳥真的是天鵝嗎？白天鵝像天鵝公主般，在寧靜湖中悠遊時的倩影，還是較令人羨慕。

白鳥伸長脖子搶食物，搶不到食物的還會去攻擊有食物在口中的同類。食物也吸引海鷗、鴨類等其他鳥禽趕來爭奪。一時，十勝川河畔鴨聲大作。

野鳥種類多，羽毛色彩鮮麗，起飛、降落姿勢迷人。白天鵝則可能因為體型較大，飛上飛下的情況並不常見。各種鳥類不懼人類，在大家面前賣力演出，也搶走不少白天鵝的光采。

乘破冰船看流冰

嚴酷冷風下，網走(Abashiri)、紋別(Monbetsu)一帶鄂霍次克海岸結冰是常見的，但如果溫度變化大，甚至早晚溫差大，就可能演變成一片薄冰或冰冷海水而已，功虧一簣，破冰船的生意也會做不成。

白天鵝上岸，而且走在薄冰之上，全是為了遊客手上的食物。 十勝川畔每年此時聚集了由西伯利亞飛來的白天鵝。

丹頂鶴
白鳥・流冰

此刻的流冰(ryuhyo)，即浮動的冰塊，場面壯觀驚人，聽說至少是七年來少見的佳作。

由於雪下得不算多，溫度在零下2℃～10℃之間遊走，也造就了完美的流冰場面，只是平均數字被打破了。破冰日的平均值是在一月二十

破冰船航行於流冰之旁，聲勢驚人。

小物誌 流冰觀景火車

一月中旬～三月中旬時，由知床斜里(Shiretoko-Shari)到網走，可乘坐「慢吞吞」觀景火車(ノロッコ，norokko)，約三十七公里長行程，花費一小時。途中，藻琴駅至北濱駅、止別駅至知床斜里之間，由觀景窗遠距離欣賞車窗外的流冰景像最值回票價。這兩段路離海最近，火車窗外一側是白茫茫的大地，另一側是流冰造就的冰原，一望無涯。

觀景火車在半途中停車，讓旅客可以下車照相，真是體貼。火車一側是內陸，另一側是鄂霍次克海，冰海已經與陸地相連接，分不出界線。

大家坐在木製的長椅上面向窗外，沿途有人以廣播解說，火車裡還有大火爐及小賣場，可以買生魷魚烤熟了吃，一路上魷魚香即不斷傳來。

坐慢車的滋味不錯，可慢慢欣賞美景。

通過溼原，觀景窗外是白茫茫的世界。

最叫人興奮的是，火車準時停靠在北濱駅五分鐘。我下車往車站旁的展望台跑，還爬上去瀏覽超大廣角的雪白景象。藍天白雲下，寂寥的大陸與粗獷的冰海合而為一，這就是「接岸」了！

鄂霍次克海的流冰於黑龍江(在蘇俄稱為阿姆河)的河口形成。觀賞流冰的主要地方為網走,其次為其西邊的紋別及東邊的宇登呂。

十勝川(Tokachigawa)

從帶廣駅前公車站,搭乘往十勝川溫泉巴士,至終點前一站第一Hotel前下車。

網走(Abashiri)

每年1月下旬開始可看到流冰,2月初接岸,直到3月底都為流冰所困。乘坐オホーツク(鄂霍次克)號特急火車,由札幌至網走約需時5小時30分鐘。由旭川前往網走,火車行程則為3小時50分鐘。

Ⓒ 破冰船發船時間:網走流冰觀光碎冰船おろら號,おろら2號,08:00～16:30(4～7班),需預約。1月20日～4月第一個週日,約1小時。

Ⓒ 流冰觀景火車(流冰ノロッコ號)網走駅～知床斜里駅間37km約1小時的觀光列車。1月下旬～3月中旬,一天來回各兩班。知床斜里(8:55)→網走(10:00/10:25)→知床斜里(11:22/11:57)→網走(12:53/13:57)→知床斜里(14:48)。

紋別(Monbetsu)

由JR札幌火車站巴士總站乘坐紋別號巴士,4小時半～5小時15分可達。或由JR旭川火車站前乘坐特急鄂霍次克號巴士,3小時後抵達。由北見出發,則有北紋巴士「急行紋別」巴士快車,均可到達紋別BT(巴士總站)。至紋別後,乘坐公車(北紋巴士)往鄂霍次克塔方向,終點站鄂霍次克塔下車,步行3分鐘後至紋別的海洋交流港乘船出航。

Ⓒ 破冰船發船時間:流冰碎冰船ガリンコ號II:1月中旬～3月中旬,07:00～15:30,4～7班,要預約。

宇登呂(Utoro)

宇登呂溫泉在知床半島。可從網走乘坐釧網本線火車至知床斜里,需時46分鐘,再轉乘坐巴士約50分鐘可到達宇登呂。

ℹ️ 流冰體驗:體驗流冰活動(流冰ウォーク,walk),1月下旬～3月末,冰上走路,冰下潛水,5000円,1小時30分,有導遊。

鶴見台或鶴居村・伊藤丹頂鶴保護區
(伊藤タンチョウサンクチュアリ,Ito Japanese Crane Sanctuary)

由釧路駅(釧路火車站)乘坐阿寒巴士(巴士)可先到達鶴見台,需時50分鐘。欲續往鶴居村,10分鐘車程後至「鶴居村役場前」下車,再徒步15分鐘。巴士最多七班,僅在10月～3月運行。每日09:00～16:30。

阿寒國際鶴中心(阿寒國際ツルセンター)及
釧路市丹頂鶴自然公園

阿寒バス(巴士)往阿寒國際鶴中心,先至釧路市丹頂鶴自然公園,需時50分鐘。續往阿寒國際鶴中心需時20分鐘。

釧路市丹頂鶴自然公園

Ⓒ 09:00～18:00 (10月11日～4月9日,09:00～16:00)

阿寒國際鶴中心(丹頂の里)

Ⓒ 11月1日～3月31日,08:30～16:00

日左右,二月一日開始「接岸」。接岸是指冰凍的海與陸地相接。今年接岸足足晚了兩星期,還出現了兩次;第一次冰海接上大陸,三、四日後分開一、二天,又發生再一次冰海與陸地相接,也算是異數。

在網走下火車,可搭乘計程車馬上趕往港口,搭乘定期出航的破冰船「Aurora」(北極光)號出海。

費時一小時的碎冰船旅程中,可近距離看海鷗在半空中盤旋,再輕輕地停駐於海上流冰的表面。海鷗似乎對流冰船客過分友善,一路相隨。船上是嚴禁餵食海鷗的,否則,可能會有旅客因而掛彩。

形狀不同、大小不一的流冰互相撞擊,且不時緩緩移動,會發出美妙聲音。當碎冰船推開流冰往前進時,流冰則發出嘎嘎聲響。

位於道東、遠在天際的知床連峰,則是朦朦朧朧遙不可及,給人無限的遐思與憧憬,也暫時忘卻了風寒。

岡山縣　京都府
山口縣
山口
備中高粱　京都

京都
山口
備中高粱

枯山水

日本式庭園的型態有三種，築山(tsukiyama)以小型山丘、池塘來象徵大自然山水的原始與簡樸，格局大為縮小，氣韻卻更深遠。第二種是枯山水，為佛教的禪宗所獨創，因應坐禪(zazen)而生，以白砂與巨石，幫助啟迪心靈，去除雜念。白砂取其意涵，如古神社以「砂盛」(即砂堆)象徵神靈降臨的神山。巨石則取其形狀，來代表船、山或瀑布。第三種是茶庭(chatei)，以石亭、洗手缽及踏腳的飛石(tobii-shi)作引導，為進入相鄰接的茶室而設。

❷

❶

懂得以坐禪放鬆自己，就可能體會日本庭園中枯山水(karesansui)的奧妙。禪宗寺廟往往會在空地上，以鋪陳白砂及石塊組合，讓人與神的意念相通，身心得以放鬆進而修身以悟道。

日本式庭園如果只用有、或無水池來做二分法，大致可以分為池泉式與枯山水式兩類庭園。

因為沒有水池，也侷限於空間的狹小，枯山水庭園巧妙地利用白砂地上的線條延伸與變化，擴展了人的視覺。白砂代表大海、河川、甚至流動的思緒，只要與靜觀者的想像力搭上了線，他眼前或心靈的世界會變為無限的豐富寬廣。

石塊象徵須彌大山，也可代表逆境。有的石塊在形象上與龜、鶴相似，傳達長壽訊息。千變萬化的石組排列手法，可以抽象地展現富士山以至於中國三山五嶽。石塊渾然天成的曲線與紋理，更在簡樸沈潛之中，靜悄悄的透露著力道與美感。

可以簡單，可以繁複，可以大小不拘，枯山水庭園魅力無窮。假山與枯水的世界直到現代，依舊是日本禪意文化的最佳代表。枯山水可以缺水，但斷斷不能少了創意。

1.白砂如此細膩，彷彿是潺潺而流的溪水。這是京都詩仙堂內枯山水庭園的魅力。　2.南禪寺內方丈庭園的枯山水。　3.南禪寺內，方丈庭園的白砂與石塊可幫助方丈與子弟的思緒進入禪宗教義。　4.誰說庭園一定要有水池？枯山水庭園一樣讓人覺得有山有水。　5.龍安寺裡，遊客坐看禪宗庭園，在白砂及石塊中探索人生的答案。　6.錐形白砂是京都高台寺枯山水庭園的特色。

3

枯山水

枯山水庭園 砂地上的奇蹟

京都枯山水庭園中，排名第一、很受到肯定的，是禪宗寺廟龍安寺(Ryoanji)。寺內方丈庭園的枯山水，是室町時代中期的代表作品。設計者不詳，可能是相阿彌、細川勝元或金森宗和；證據都不多，考證也困難。

在樸素泛黃的牆面不遠，我隨著眾人，也坐在龍安寺房舍裡的迴廊上，像坐禪一般開始冥想。不需看遠，只要讓肢體放輕鬆，以眼睛平視庭園地面上石塊與白砂的枯山水組合，我的思路會漸漸集中。白砂上面刻意做出的紋路像水波，果然會激起心田中漣漪。

龍安寺的老虎渡河石庭

龍安寺的石庭乾枯得像戈壁沙漠，看不到一草一木，只見在細小而呈灰色的砂石上，一共安置了十五塊大小不一的石頭，依七、五、三的組合，停留在細砂之上。

白砂象徵河水，石塊像小老虎渡河？

眼前的景象象徵大千世界，也可象徵無垠的大海或河水，正上演中國民間故事「老虎渡河」：母虎一胎生三虎，當母虎不在時，其中一隻會咬傷其他小虎。母虎帶小虎渡河時不能讓小虎受傷是大難題。

母虎將有暴力傾向的小虎單獨帶至河的另一端，獨自回來，再帶第二幼虎渡河。第二幼虎安全帶到對岸後，

回程時改帶回危險的幼虎並留下，換成帶第三幼虎渡河，最後，再專程回來帶走有攻擊性的幼虎。

人世間的困境，的確需要以智慧、勇氣及毅力來突破，枯山水庭園至少讓觀者身心舒緩，是應付難關的第一步。

曼殊院庭園內，杜鵑花樹叢

格局不大的曼殊院位於京

由迴廊向外望龍安寺方丈庭園枯山水傑作。

端坐於曼殊院書苑迴廊，細看杜鵑花叢、青松與石組，心靈與大自然結合。

都東側。曼殊院是良尚親王出家以後的住所，也是佛寺的一種，有出色的枯山水庭園，是當時造景大師小堀遠州的得意作品。院內書院建築「富士之間」是觀賞庭園的最佳地點，當年親王常由此遠眺東山，近觀庭園。

在迴廊坐下，我首先望到一株有四百年樹齡的「五葉之松」。此松樹是以盆栽手法將高度限制於兩公尺左右，以利於觀景，松樹之下是分散著的灰色大小石塊、充滿綠意的杜鵑花矮樹叢，以及生氣盎然的苔。杜鵑花樹被修剪成圓形，還刻意做成大小高低不一，以配合鄰近的石塊。花樹成為石塊組合的一部分真是創新之舉，也增添了色彩。

曼殊院庭園內到處見到巧思。苔、石與白砂的美妙組合，使人心情放鬆。

曼殊院的石塊組合以鶴島為主，放在花叢中央。較大的瀧石代表瀑布，則放在白砂之間。石燈籠即石亭，小巧雅致，稱為「曼殊院燈籠」。我最欣賞的白砂當道，鋪陳手法十分高明。除了白砂的弧狀邊緣有如蜿蜒的河道，更因為採用較粗的砂粒，堆積得厚而高的白砂，有如大河川挾著

水勢，豪邁向前移，動感十足，格局已經不是水面上的餘波蕩漾可以形容。

小堀遠州的作品，細膩中隱約可見蓄勢待發的力量，也極盡線條之美。

賴久寺枯山水傑作

山城備中高梁(Bicchu Takahashi，岡山縣)知道的人不多，但仰慕小堀遠州之名，前往參觀賴久寺的人不在少數。賴久寺是造園大師小堀遠州的舊居，寺內的枯山水庭園被推崇為「傑作庭園」，意即小堀庭園作品中登峰造極之作。

禪宗庭院內傳統蓬萊式的石塊組合取自龜或鶴造型，都象徵長壽。賴久寺庭園內最主要的具像景觀，果然

賴久寺外觀令人意外，較像城堡。

枯山水

有三塊石塊組合而成的「鶴島」，位於庭院中央部位不遠，石塊旁以杜鵑花矮樹叢點綴。至於「龜島」，則以七、八塊石塊加上三株半圓形彩虹狀樹叢來突顯。

寺廟入口附近，有一大片壯碩的大石塊連在一起，稱為「青海坡」，以象徵大海的浪濤；冬日光禿的大石上鋪著白雪，景觀呈現悲傷蕭條的寂靜感。夏日紅綠相間的杜鵑花色，則把石塊組合妝點出鮮豔煥發的光彩。

賴久寺庭園裡的白砂，以小石塊為中心畫出許多同心圓，像水波般緩緩向外擴大，再以平整的直線作界線，是穩定情緒的作法。

小堀遠州的賴久寺枯山水庭園，巧妙借景，遠山融入畫中。

青綠的愛宕山在山城備中高梁的遠方，此時遠山彷彿近在眼前，觸手能及，這是屋主小堀造園設計時，借景的深厚功力使然。

禪僧與枯山水

禪宗傳入日本後，庭園設計的創意大師在歷史上享有盛名的有：夢窓疎石(むそう―そせき，Muso Soseki，1275～1351年)、小堀遠州(こぼり―えんしゅう，Kobori Enshu，1579～1647年)，以及雪舟等揚(せっしゅう―とうよう，Sesshu Toyo，1420～1506年)等人。

這幅畫是1609年狩野探幽為小堀遠州祝壽時所畫。狩野是名畫家，在京都的南禪寺、曼殊院等寺內均可見到他的動物畫。

平安時代末期，有名的禪僧夢窓疎石將園藝與禪宗結合，發展淨土式庭園，代表作是京都天龍寺及西芳寺內枯山水。

小堀遠州對茶藝、禪道以及造園等，無一不專精，很受德川幕府推崇，大師作品極多，如京都伏見城、二条城及南禪寺方丈庭園等。父親小堀新助次在1600年時，受冊封為祿高一萬石的藩主，入主備中高梁的松山城堡。4年後繼承父業的小堀遠州，開始修復松山城堡，並在自己所居住的賴久寺內，花了15年時間，創造了賴久寺的枯山水庭園。遠州式茶道在當時也和他的造景實力一般，大受歡迎。

身為禪宗之僧侶，出生於日本中部備中地區的雪舟等揚，於1464年移居山口，受到大內領主之禮遇，將在中國所學的潑墨山水畫意念，充分表達於所創作的石庭之中。雪舟在京都也有作品流傳於後世，芬陀院(Fundain)又名雪舟寺，在東福寺內。

雪舟庭園中有無染池，但石塊的組合是重點，雪舟將庭園當畫布，揮灑無窮的創意。

雪舟的山水畫庭園

造訪山口市(山口縣)，雪舟庭園也是地方人士津津樂道的絕景。

雪舟庭園建於山口常榮寺內，是畫家雪舟等揚在中國學習水墨山水畫後，到山口時應領主大內弘世之請，爲大內的母親所住別墅精心設計的。

常榮寺的地形是東西北三側有山的丘陵地，庭園的中心，有一座心字池，又名無染池。雪舟在水池旁放上假山及石塊，表達坐禪的意境，觀賞者也可以漫步池畔，沿路欣賞石塊的巧妙組合，這是池泉式庭園爲人喜愛之處。

雪舟庭園以石塊組合爲造景主角，被稱爲「岩石的藝術」；以大地做畫布，將石組立體化，巧妙地表達出中國潑墨水彩的空靈。

常榮寺雪舟庭園內也有枯山水式庭園。石庭曾被譽爲兼具京都金閣寺與銀閣寺的卓越，白砂可以是海，苔地也可比喻爲海中之島，缺少了砂紋的白砂正像水墨畫中的留白，充滿了更多的想像空間與無限禪意。

我以爲，不論是池泉式庭園或枯山水式庭園，都具有無聲與無言的廣大內涵，不但充滿生趣，又能引發心靈迴響，也算是奇蹟了。

山口常榮寺內枯山水，苔地是海島，白砂在海中，石庭沒有水，仍使人有看海的感覺。

交通旅遊資訊

備中高梁(Bicchu-Takahashi)
位於岡山縣內。由岡山市搭乘伯備線，普通車需時約1小時。快車35分鐘。往岡山市，由新大阪乘坐山陽新幹線往西，50分鐘後抵達。

山口(Yamaguchi)
在山口縣內。從大阪乘坐山陽新幹線往西，約2小時30分鐘，可到小郡(從福岡往東，則需時約40分鐘)，然後轉山口線特急，15分鐘抵達山口市。普通車則需時約30分鐘。

近江八幡
柳川

水鄉
泛舟

島國日本，因河川流入大海而興起的城鎮不在少數，福岡縣柳川市先有藩主建城堡，後有商人發跡，現代人更利用小橋流水及市容，大力發展觀光。同是水鄉，近江八幡則是一貫的寧靜典雅。琵琶湖水向內地延伸又遠又廣，戰國時代所掘運河開啟了商機，促成近江商人的崛起。泛舟柳川，在船夫的歌聲中重溫往年城下町的繁榮；近江八幡小船接近琵琶湖水域，掌舵人娓娓道來城鄉往事，令人省思保護水源的重要。

撐著一葉扁舟，來往於橋堤間，一邊欣賞河畔風光，一邊聆聽船夫細訴往昔城鄉歷史，真是悠閒寫意又懷舊的水鄉體驗。在日本，能與義大利威尼斯或中國大陸的蘇杭水鄉周庄等地相媲美的，首推名列日本水鄉前兩名：近江八幡(Omi-Hachiman)以及柳川(Yanagawa)。

近江八幡位於近畿地區滋賀(Shiga)縣，接近第一大湖琵琶湖；柳川在九州地區西部有明(Ariake)海岸。同樣是小橋、流水、人家的水鄉景觀，兩地風情是截然不同。

琵琶湖畔八幡山下，由濠溝、運河、小湖泊編織而成的水鄉澤國近江八幡，與琵琶湖水路相通，掌握著日本最重要的水源，也是近江商人的根據地。商人在運河畔建設豪宅及土藏(dozo，倉庫)，藩主據八幡山頂建立城堡，並發展城下町。現代人乘小船由船夫划槳，可在水域裡悠遊，充滿浪漫的氛圍。

福岡縣柳川市位於筑後川與矢部川兩河流注入有明海的三角洲上。阡陌縱橫的水路，發展為筑後三十三萬石城主田中吉政的城下町，以後轉為立花家所有。

泛舟於柳川城堡碩果僅存的濠溝中，沿途可見柳川領主立花氏的官邸、商人所建白壁土藏、武士舊宅與各式小橋，更有詩人北原白秋的詩碑，以及船夫的歌聲助興，美景如詩。

1.船上乘客與船頭先生。
2.在農田之間的八幡堀。
3.見運河水清澈照見紅磚房舍(並倉)的倒影。

3

水鄉泛舟

八幡堀運河兩岸盡是以前商人的住宅及土藏，保存良好，稱為「堀倉」(horikura)，運河上小木橋亦多。

浪漫水鄉泛舟樂

寧靜得近乎空靈，讓人省思水源的珍貴，蘆葦草之鄉里，近江商人豪宅與倉庫，運河畔驚豔連連。春暖花開之際，我們來到近江八幡城市東北郊，乘坐六人座小船，由船頭先生(sendo桑)，也就是划槳的船夫帶領，投入水路之中。小船裝潢簡樸，周遭安靜單調，出乎我意料之外。

可參加泛舟行程暢遊近江八幡，悠遊於蘆葦草水鄉之間。

船行至近江八幡水域東側時，船夫指著遠處安土(あづち，Azuchi)城堡遺跡，從戰國時代名將織田信長(Oda Nobunaga，1534～1582年)談起水鄉的由來。原來織田信長出生於安土，常在附近「西之湖」泛舟遊樂。西之湖是琵琶湖延伸向內陸的內湖，織田勢力後來由豐臣秀吉(Toyotomi Hideyoshi，1537～1598年)接收，並將此地冊封給外甥豐臣秀次(Toyotomi Hidetsugu，1568～1595年)為藩主。

豐臣秀次除了在市內的八幡山(Mt. Hachiman)建城堡，還在小河八幡川(Hachi-man gawa)與西之湖之間挖掘長達五公里的人工運河，稱為「八幡堀」(Hachiman-bori)，把近江八幡轉變為水路密布的水鄉，而且引入琵琶湖水灌溉農田。

近江八幡 蘆葦之鄉

船頭先生帶領我們享受了一段九十分鐘的船程。水道在市郊內較為寬闊，遠處是朦朧八幡山，兩側的油菜花田及岸上的櫻花樹賞心悅目，五彩繽紛，小船在浮島之間巡遊也輕鬆有趣。

船頭桑特別要大家注意浮島上生長得十分茂盛的綠色蘆葦草，是此地以前最出名

近江八幡重要傳統建物群保存地區內，有以前富商的家屋。

一大片青綠的蘆葦草，可製作「葦簾」，以前是近江八幡水鄉的名產，並由此水路行銷各地。

的特產，可以編織成堅固耐用的「葦簾」(yoshizu)。而近江八幡水鄉的別名正是「蘆葦之鄉」！

這一帶水域房舍不多，只見遠遠的公路上有汽車通過，船頭先生以手中的木槳划小船，說明八幡堀內行船特別提倡環保；琵琶湖是日本人的生命活水，絕不允許因觀光需求改用機器行船而受到污染。

離開小船，我們仍沿著運河由近江八幡市郊走向市內地區。水路暢通讓近江八幡成為商業鼎盛的湖畔港都，出產質精的近江糯米及美味的近江牛肉，近代還成為淡水珍珠工業的重鎮。

八幡山麓下的老街坊幾乎都建在八幡堀運河兩側，其中瓦博物館(Kawara museum)有醒目的建築，展出世

小物誌 柳川運河 vs. 觀光船

柳川位於筑後川(Chikugo gawa)下游出口與有明海所形成的三角洲上，市內到處可見運河。運河始建時只挖「內堀」，以後花立花宗茂城主(Tachibana)擴張運河範圍，又有「外堀」等水道。今日，柳川市內是阡陌縱橫局面；有些道路是水路，與陸路相交接，小橋多而有型。

以平底小木舟悠遊運河行程九十分鐘，乘船口就在西鐵柳川車站附近。觀光船配合季節有納涼船(七月、八月)、觀月船(八月、九月、十月)等。冬季時小船上有棉被及烤火爐，最是體貼。

乘客最感到興奮的，是小船穿過石橋中央，狹窄洞口的那一刻。精緻古雅的石橋上有行人走過，也會停下欣賞柳川船夫靠長竹竿控制船身過橋的看家本領。從船上可以看到詩聖北原白秋(Kitahara Hakushu)的「水中歌碑」，為紀念詩人百年誕辰而立，城西則有「北原紀念館」及其北側的「白秋道路」。

到市區西南時乘客可下船做陸上徒步遊。藩主立花家族的豪邸「御花」，在柳川市西南角落，裡面有明治時代所建的「西洋館」、博物館「殿之倉」，還有庭園以仙台松島的水、石與松為造型。我們在「御花」參觀，正值舉辦「雛祭」(hinamatsuri)展，將傳統的彩球與此地民俗藝品

「這這人形」娃娃點綴起來(見P.109)，是柳川版另類「女兒節」(三月三日)慶祝活動。

明治時代西洋式建築，立花藩主曾經是建屋主人。洋館名為「御花」，現在為觀光景點，有資料館並兼營旅館與餐廳。

瓦博物館前，地面上以古代的瓦片做出圖案，匠心獨具。

滿載乘客的小船，由船夫撐著長竹竿前進。船夫向乘客一路講解沿岸風景，有時還會高歌一曲。

界各地的瓦片。運河旁邊建有許多豪宅與土藏(倉庫)，即爲當年近江商人所有。最受人青睞的是土藏，厚實壯觀，運河兩岸垂柳青翠，正好突顯其黑瓦白壁之美。

近江八幡商人即「近江商人」，自古是富豪的代名詞。商人以船將關西與北陸的貨物運銷各地，在八幡堀旁興建了豪宅與倉庫，到現在都保存良好。八幡城堡則剩遺址，我看到八幡公園內豐臣秀次銅像前有不少路人停步，可見近江商人後代仍然以前藩主爲榮！

如詩如畫 柳川行舟

柳川水鄉有蘇杭靈氣之美，也有威尼斯的華麗繽紛，此外還有北原白秋的詩。行船在柳川，聽船夫唱歌講古，欣賞兩岸房舍典雅，百花爭放的意境，只能用「詩情畫意」形容。

水鄉柳川可貴在她的文化氛圍，雖有日本威尼斯美稱，其實是獨一無二的。

柳川地方靠近有明海，西側有大河筑後川與沖端川流過。四百多年前，筑後地方的城主田中吉政興建五層樓高的天守閣城堡，並在城堡之外挖出壕溝，再將護城河一圈又一圈向外擴充爲運河，形成縱橫阡陌的水鄉城市。城裡是高級住家、工房及倉庫，城外是農漁之村。

柳川有水有垂柳，名符其實，水鄉也充滿詩情畫意。

石碑上刻有北原白秋的短詩，歌詠柳樹與河水，即有名的「水中歌碑」。

乘小船像坐車，巡遊柳川市內，水岸旁有高級住家、工房及倉庫。

坐在小船裡，看船頭(即船夫，sendo)用長竹竿撐船，漫遊於季節的花叢裡，讓搖曳的柳枝和水中倒影伴著船歌，驅走一日的苦惱，已經是幾百年來的風流雅事。在一百多年前，名叫北原白秋的少年成長於柳川的製酒工房，經常浸潤於水鄉風物中，又經由船夫口傳，耳聞歐洲人在長崎的種種軼事，更憧憬遙遠國度裡天方夜譚的神秘傳說，寫下了無

數充滿異國情調的詩文，還成為首屈一指的日本詩人。

小船是柳川的水上交通工具，載著遊客穿過許多石製的小橋，在以前的「城下町」(即老城)裡穿梭前進。

小船搖，搖過當年貴族的後花園，搖過一座又一座的石橋，也搖過十數個大小

不一的文學歌碑。才剛覺得漸漸進入北原白秋的幻想世界，船頭先生停住歌聲告訴我，前面是最上鏡頭的景點：只見運河水，清澈照見紅磚房舍的倒影，襯托出一排古色古香的倉庫建築「並倉」(namikura)，伴隨著小船，美得像一幅圖畫。

要划小船穿過石橋的小洞，得依賴船夫的技術。

交通旅遊資訊

近江八幡(Omi-Hachiman)

1. 由京都出發，乘火車JR東海道本線(此段又稱琵琶湖線)可達近江八幡，車程35分鐘。

2. 由名古屋乘坐新幹線，約30分鐘可達米原(Maibara)，換搭JR東海道本線，20分鐘後可達近江八幡。

柳川(Yanagawa)

由福岡火車站乘坐地下鐵或巴士至西鐵(西日本鐵道)的起始站「天神」，再由天神站改搭西鐵大牟田線至西鐵柳川站下車，車程約1小時。或直接到位於博多火車站前福岡巴士總站乘坐巴士，前往柳川。

柳川的名菜是鰻魚飯以及泥鰍料理「柳川鍋」。

知床斜里
函館
由布院
北海道
長野縣
上諏訪
大分縣

知床斜里
函館
上諏訪
由布院

露天風呂

露天風呂(rotenburo)好處多，可一面暖身，一面享受日光浴、森林浴、賞月或觀星，文學家從泡湯情趣中得到巧思的，也不在少數。溫泉水中的礦物質以及適度的紫外線，能交互刺激身體，難怪日本的「溫泉醫」，也就是研究溫泉醫療品質與療效的專家，推薦露天溫泉以及男女混合入浴，認為最符合大自然協調的原則。冬季露天泡湯，不論是浸泡半身或足湯，講究熱湯3分鐘，雪中20秒。

知床半島在北海道的最東端。到道東旅行，最知名的旅遊目標是知床五湖及網走一帶的鄂霍次克海岸。

乘坐JR火車來到知床斜里(Shiretoko-Shari)車站，才真正感覺到北海道的幅員遼闊，以及知床的偏遠與安靜。由知床斜里出發，我們參加當地旅遊行程，包括知床五湖及稍北、接近知床大橋的カムイワッカ湯之瀧(Kamuiwakkayu no taki)。此瀑布因應愛奴族的命名，可譯為神之湯溫泉瀑布，或神湯之瀧瀑布，是知床半島上最值得探訪之地。

位於斜里町東北角的硫黃山標高一千五百六十三公尺，由此高山流出含硫黃成分極高的カムイワッカ(Kamuiwakka)河，向西流入大海，河川的入海口在知床大橋之南，因地勢的落差而形成大瀑布。神之湯溫泉瀑布上流的瀧壺(takitsubo)，也就是瀑布落入的深坑，渾然天成，正好成為極具特色的露天溫泉池。

至於由布院溫泉鄉，是群山環伺的盆地地形，小鎮之北有「由布岳」火山，我們由福岡乘坐火車來到附近時，火山的英姿更是火車內眾人一致注目的對象。

從由布院車站向北，往由布岳的主要街道上，溫泉旅館幾乎是一家接一家。小規模的家庭式民宿，不僅有室內溫泉，也多數在庭院裡另設有小型露天溫泉池，非常適合親子泡湯遊。

1. 猴子泡溫泉卜通版
2. 溫泉瀑布很特別，只是爬上爬下吃盡苦頭。
3. 面向廣闊的湖面，在諏訪湖畔泡足湯。
4. 溫度對了，就近下水泡湯。
5. 上諏訪車站內足湯。
6. 金鱗湖畔的知名露天溫泉池。

3

4

5

6

奇妙而獨特的露天溫泉

喜愛日本旅遊的我，記憶裡印象最深刻的露天溫泉，非關豪華的旅店設施，或是浴場視野之遠，反而是尋覓與造訪過程中的不便、挫折或是驚喜，令人最是難忘。日本各地溫泉何其多，我最想著墨與回憶的，是北海道知床半島的溫泉瀑布、九州由布院的金鱗湖畔溫泉，以及各地可見的足湯(ashiyu)。

走上溫泉瀑布的源頭

位於北海道知床半島、原始森林區內高山之頂的神之湯溫泉瀑布，一路蜿蜒向下延展，水流不算湍急，但遊人必須沿著瀑布的水床，逆流上山。

難怪接近大瀑布入口處時，車掌小姐一反常態，推薦一種底部加有止滑突起的毛襪。看似平庸的襪子，一時身價暴漲，人人想買。

坐在我鄰座、由台灣來的年輕女性，把腳揚起時更令我們睜大眼。這位小姐外套之內是泳衣，腳上穿塑膠涼鞋，絕對是攀爬神之湯溫泉瀑布的最佳打扮，準備齊全，讓我們讚賞又羨慕。

租個草鞋可止滑，以便沿水床走上山。

爬山人人會，沿著溫泉瀑布的水床走上山的經驗卻是少有。

神之湯溫泉大瀑布的入口處。

有人動作快，泳衣穿在身上，脫了外衣就可以在山路旁享受溫泉浴。

買了遊覽車小姐推銷的襪子下車後，才發現溫泉瀑布入口處有三、四家租借草鞋（waraji）的地攤，也有不少日本遊客租用。我把褲管捲起，穿著止滑襪往瀑布走，剛開始誤以為呈微黃色的水床會較滑，走一陣子後才知道水流動之處不生苔，雖因水質內含硫黃，呈現黃灰色，卻是較安全的落腳點。

一路爬坡上山，只能專心平衡身體以免滑倒，根本無暇賞景。大瀑布是溫泉水，愈接近源頭水溫應愈高，愈往上走，愈能感受到腳邊的水變熱。

神之湯溫泉瀑布在半山途中開始出現淺淺的水池。覺得水溫適合，就地脫下衣服，進入池內浸泡的大有人在。想泡高溫一點的溫泉也

很有機會，因為沿途大小池不斷，都是溫泉源頭的瀑布水，毫不吝惜流入填滿的。

遊神之湯溫泉瀑布的樂趣是在逆境中的探險之樂。終於走到順境時，就近在山路旁，選擇水溫最適合的小水池來舒展身心，享受悠閒泡溫泉的山林野趣。這樣的經驗前所未有，也難有後續。

辛苦爬上山頂，溫泉瀑布

最大的瀧壺出現眼前。大水池內可容納數十人，有五、六位早已捷足先登，有人全身裸露，有人著泳衣或只著丁字褲，都全然不把來人看在眼裡，只忘情於熱呼呼、霧茫茫、仙境般的溫泉中。

沿老路，果然上山容易下山難，我幾乎弄濕了全身，仍不得不讚嘆神之湯溫泉瀑布的神奇！

由山頂流下的硫磺水注入小池中，露天溫泉渾然天成。

冒煙的金鱗湖

曾經在楓紅季節走訪九州大分縣由布院(Yufuin)，此次在嚴冬時投宿於大分川畔，在金鱗湖(Kinrinko)泡溫泉的樂趣也無窮。

民宿後院接近大分川河畔，清晨早起，迎著寒氣想步行到金鱗湖去觀賞有名的晨霧。才離開民宿就看到整個由布院盆地籠罩在薄霧中。地上鋪著白霜，遠山朦朧，筆直的杉林有高有低，房舍前梯田裡，儘管稻田已經變得像乾枯的草坪一般，也蒙上一層細沙狀白色。

沿著大分川河畔小路直

金鱗湖的四季美景均十分有名。冬季少了楓紅，湖面白色的薄煙與倒影也迷人。

向北行，金鱗湖隱藏在山林中。蜿蜒而行的大分川，河水嫌少，但水面上白煙，空氣中白霧，還有民宿的炊煙，都是清一色的白，只有濃、淡之別，襯托出田舍之

蕭瑟。偶爾，三三兩兩騎車上學的女學生，戴著白毛線帽穿著厚外套，在河畔小路上緩緩而過，帶來生氣。

金鱗湖聽說是因湖水內魚鱗反光成金色而得名，此刻是令人興奮的另一番景象：清澈湖面上遠望有一層厚厚的白煙，在湖岸綠色小屋以及白色建築倒影的陪伴下，顯得夢幻浪漫。站在最接近湖面的小橋上近看湖水，湖面白煙向上蒸發，卻是久久不散，像一大鍋正在加熱的水，周邊卻是寒氣逼人。

位於山腳下的金鱗湖是這一帶最有名的溫泉湖，由金鱗湖流出的大分川挾持著溫

漫步金鱗湖畔，在冷冽的寒氣中，看見湖水冒煙倍覺溫暖。

泉水一路南下。河水冒煙，正是來自溫泉湖。

我在金鱗湖的角落裡發現了「下ん湯」(shitan yu)，是一處較為隱密的露天溫泉。簡陋小亭內有石階、石橋，石亭柱子上還有小盒子，寫著「投入二百日圓，請自由入池」的字句。

朋友笑說漲價嘍！以前只要一百日圓的。

小物誌 足湯

「足湯」在溫泉小鎮裡最為多見，幾乎都是免費入場。我在函館(Hakodate)見到的，像隻木船，應該算是造型最佳。設於大阪萬博公園之內的森林足湯，工作人員在森林內拾撿枯枝當薪材，將河水加熱後，供遊客浸泡腳部，既環保又健康。萬博公園幅員大，走起來要花費不少時間，有了足湯，真是德政一樁！

上諏訪火車站裡的足湯，使用者很多。

長野縣上諏訪(Kami-Suwa)的JR火車站裡有一座足湯。在月台角落裡的長凳坐下，讓雙腳膝蓋以下泡在溫泉水裡，看著火車駛入或出發，可輕鬆打發時間。

上諏訪車站外不遠就是諏訪湖，步行約15分鐘可達的湖畔公園，還有更大的露天足湯，迎著諏訪湖面展開，這樣的設計可以讓足湯的座位，有一半面向廣闊的湖面。

上諏訪以美食、美酒及溫泉聞名。在湖畔泡足湯，一邊賞湖景，一邊吃喝，十分愜意。不敢接受露天溫泉挑戰的人，還可以用足湯踏出第一步吧！

函館商店街內的船型足湯。

姨捨 梯田

姨捨

奇特的地名紀念著久遠時代的棄老風俗,「姨捨」(Obasute) 是捨棄年老阿嬤的意思。小小的四十八枚梯田分布在陡峭的 山地上,和天上的明月激起共鳴。前人為了生存,將垂死老 人送進山裡,後人將悲情化為詩句,每年的中秋賞月祭,姨 捨的梯田和明月,是俳句名人的靈感泉源。

①

②

③

姨 捨是JR火車站名稱中很特別的一站。長野縣山多,位於南部的千曲市(Chikumashi)地勢最 高,JR篠之井線(Shinonoi sen)到了此地,因高度之差特別大,必須走「之」字形。火車頭 倒退反方向進車站,倒是讓我第一次遇上。

下了火車,在候車室裡就有不少圖示介紹這個安靜而偏僻的小站。「姨捨」是把年老的女性親人捨 棄之意,讓我立刻想到《楢山節考》電影來。

這一帶山區居民因生活貧苦困頓,原本有將年老婦女背負到山中捨棄的風俗。傳說中,一位年輕大 把老婦背負到山上,又於心不忍,再背回家奉養,結果老人的智慧幫助他度過難關,村民才將老人當 寶,並廢止了惡習。「棄老傳說」在日本小學課本中曾有文章介紹,知道的人很多,《楢山節考》電 影則因獲選為坎城影展最佳影片而著名。

日文稱梯田為棚田(たなだ,tanada),姨捨的梯田因地勢而起,標高在四、五百公尺之間,共有48枚 田。此地梯田占地範圍不大,在JR鐵路所居高地的下方就可找到。

梯田裡的明月

在長野縣(信州)旅行，買了一張短程周遊券，中途下車到姨捨(Obasute)，想看看這一帶有名的梯田景象，想不到最有收穫的是看到俳句(haiku)名人松尾芭蕉(Matsuo Basyo)在此留下的賞月歌碑。

田畝之月

我在數十個小梯田旁穿梭，看到梯田平坦的水面將天際的雲反射出來，才想起剛才候車室裡的一幅月亮海報圖。月圓時，姨捨是「月之里」，月亮的倒影會出現在不只一個的水面上，荒野小山區搖身變為月亮娘娘的故鄉。

絕景「田每の月」(たごとのつき，tagoto no tsuki)，意即田畝之月，從十六世紀以來就是文學與繪畫的最佳題材。姨捨的梯田，美就美在它是「月見畑」(つきみはたけ，tsukimi hatake)；明月當空時，月光揮舞魔術棒，小梯田權充反射鏡，月影與梯田水面巧妙的結合在一起，此種獨特稀有的美景難尋，只有在此地才得一見。而且，就像其他美好的事物一樣，挑地點也選時辰，能夠躬逢其盛就是福氣。

詠月之詩

至長樂寺附近可見眾多俳句碑立於山路旁，每一篇俳句都在歌誦姨捨山裡梯田月色之美。透過一旁的說明文字，幫助我瞭解到月亮與梯田正是文人靈感的源泉，以前此地棄老的故事，也一直撥動著敏感的人心。

「姨岩」是觀遠處的制高點之一，這裡設有松尾芭蕉的「面影塚」。1688年，芭蕉在八月十五日(舊曆中秋月圓日)來此，紀行之文「面影

や 姨ひとりなく 月の友」，大意是：故人面影在，老婦寂寥不孤單，明月來相伴。

大師手筆果然不同凡響，簡單幾句感人至深。

姨捨車站有俳句的投句箱，與長樂寺所設的投句箱一樣，都鼓勵來姨捨賞明月、觀梯田的JR旅客，詩興大發之餘，寫下俳句投稿。

i 交通旅遊資訊

姨捨(Obasute)
姨捨位於長野縣長野市南方，JR篠の井線上，離長野市只有27分鐘的車程。從東京乘坐長野新幹線火車約1小時30分鐘可達長野市。或從名古屋乘坐中央本線特急火車，約2小時經松本後，再約1小時可達長野市。

小物誌 月見畑

賞月之田即月見畑(tsukimihatake)，是姨捨才有的絕景。梯田集中於坡地，在休耕期時灌了水才會變成四十八個鏡面，把月光與周遭景物反射出來。月夜美景千載難逢，以梯田的水面來觀月別有情趣，但很難得到完美的畫面。月逢中秋分外明，月影倒映在梯田水面，還需靠當日無雲來奉成。長樂寺附近有芭蕉翁俳碑之處，應該就是觀賞月影與梯田結合的最佳地點。至於良辰，1688年中秋月圓之日(舊曆八月十五日)月影最佳，也有俳句為證。

54

日本旅行再發現
made in Japan

作　者	蔡惠美
攝　影	蔡惠美

總 編 輯	張芳玲
書系主編	張敏慧
特約編輯	詹琇宇
美術設計	許志忠

太雅生活館出版社
TEL：(02)2836-0755　FAX：(02)2831-8057
E-MAIL：taiya@morningstar.com.tw
郵政信箱：台北市郵政53-1291號信箱
太雅網址：http://taiya.morningstar.com.tw
購書網址：http://www.morningstar.com.tw

發 行 所	太雅出版有限公司 行政院新聞局局版台業字第五○○四號

承　製	知己圖書股份有限公司 台中市407工業區30路1號 TEL：(04)2358-1803

總 經 銷	知己圖書股份有限公司 台北公司　台北市10646羅斯福路二段95號4樓之3 TEL：(02)2367-2044　FAX：(02)2363-5741 台中公司　台中市40768工業區30路1號 TEL：(04)2359-5819　FAX：(04)2359-5493 郵政劃撥　15060393 戶　名　知己圖書股份有限公司

廣告刊登	太雅廣告部 TEL：(02)2836-0755　E-mail：taiya@morningstar.com.tw

初　版	西元2009年8月1日
定　價	299元

(本書如有破損或缺頁，請寄回本公司發行部更換，或撥讀者服務專線04-23595819)

ISBN　978-986-6629-37-2
Published by TAIYA Publishing Co.,Ltd.
Printed in Taiwan

國家圖書館出版品預行編目資料

日本旅行再發現 = made in Japan
／蔡惠美 著．——初版，——臺北市：
太雅，2009. 08
　面：　公分.——（世界主題之旅；54）
　ISBN　978-986-6629-37-2　（平裝）

　1.旅遊　2.日本

731.9　　　　　　　　　98005604

很高興您選擇了太雅生活館(出版社)的「生活技能」系列，陪伴您一起享受生活樂趣。只要將以下資料填妥回覆，您就是「生活技能俱樂部」的會員，將能收到最新出版的電子報訊息。

這次購買的書名是：**日本旅行再發現**(世界主題之旅54)

1.姓名：_____ 性別：□男 □女

2.出生：民國 _____ 年 _____ 月 _____ 日

3.您的電話：_____ E-mail：_____

　　地址：郵遞區號□□□

4.您的職業類別是：□製造業 □家庭主婦 □金融業 □傳播業 □商業 □自由業 □服務業
　　　　　　　　　□教師 □軍人 □公務員 □學生 □其他

5.每個月的收入：□18,000以下 □18,000~22,000 □22,000~26,000 □26,000~30,000
　　　　　　　　□30,000~40,000 □40,000~60,000 □60,000以上

6.您是如何知道這本書的出版？□_____報紙的報導 □_____報紙的出版廣告
　　□_____雜誌 □_____廣播節目 □_____網站 □書展
　　□逛書店時無意中看到的 □朋友介紹 □太雅生活館的其他出版品上

7.讓您決定購買這本書的最主要理由是？ □封面看起來很有質感 □內容清楚，資料實用
　　□題材剛好適合 □價格可以接受 □資訊夠豐富 □內頁精緻 □知識容易吸收 □其他

8.您會建議本書哪個部分，一定要再改進才可以更好？為什麼？

9.您是否已經照著這本書開始旅行？使用這本書的心得是？有哪些建議？

10.您平常最常看什麼類型的書？□檢索導覽式的旅遊工具書 □心情筆記式旅行書
　　□食譜 □美食名店導覽 □美容時尚 □其他類型的生活資訊 □兩性關係及愛情
　　□其他

11.您計畫中，未來想要學習的嗜好、技能是？ 1._____ 2._____

　　3._____ 4._____ 5._____

12.您平常隔多久會去逛書店？ □每星期 □每個月 □不定期隨興去

13.您固定會去哪類型的地方買書？ □_____連鎖書店 □_____傳統書店

　　□_____便利超商 □_____網路書店 □其他

14.哪些類別、哪些形式、哪些主題的書是您一直有需要，但是一直都找不到的？

15.您曾經購買過太雅其他哪些書籍嗎？

填表日期：_____ 年 _____ 月 _____ 日

| 廣 告 回 信 |
| 台灣北區郵政管理局登記證 |
| 北 台 字 第 1 2 8 9 6 號 |
| 免 貼 郵 票 |

太雅生活館　編輯部收

10699 台北郵政53～1291號信箱
電話：(02)2836-0755

傳真：**02-2831-8057**
(若用傳真回覆，請先放大影印再傳真，謝謝！)

太雅生活館

有品味的生活學習，從太雅生活館開始